首都圏版㉒ 使いやすい！教えやすい！家庭学習に最適の問題集！

慶應義塾横浜初等部

2021年度版 過去問題集

<問題集の効果的な使い方>

①お子さまの学習を始める前に、まずは保護者の方が「入試問題」の傾向や、どの程度難しいか把握します。もちろん、すべての「学習のポイント」にも目を通してください

②各分野の学習を先に行い、基礎学力を養いましょう！

③「力が付いてきたら」と思ったら「過去問題」にチャレンジ！

④お子さまの得意・苦手がわかったら、その分野の学習をすすめ、全体的なレベルアップを図りましょう！

合格のための問題集

慶應義塾横浜初等部

推理	Ｊｒ・ウォッチャー7「迷路」
図形	Jr. ウォッチャー 10「四方からの観察」
常識	Ｊｒ・ウォッチャー 27「理科」
運動	新 運動テスト
制作	実践 ゆびさきトレーニング①

全40問

昨年度実施の過去問題 ＋ それ以前の特徴的な問題 を収録!!

日本学習図書 ニチガク

目指せ！合格！

家庭学習ガイド
慶應義塾横浜初等部

入試情報

応募者数：男子 772 名　女子 602 名　計 1,374 名
出題形態：１次試験：ペーパーテスト、２次試験：ノンペーパーテスト
面　　接：なし
出題領域：ペーパー（常識、図形、推理）、運動、制作、口頭試問

入試対策

2020 年度も、男子 66 名・女子 42 名の募集に対し、1,400 名近い応募者を集めており、首都圏の私立小学校では、慶應義塾幼稚舎に次いで志願者が多い学校となっています。試験は 2019 年度と同様に２段階選抜です。１次試験（ペーパーテスト）を通過した志願者が、２次試験（運動・制作・口頭試問）に進む形式です。

１次試験のペーパーテストは、「図形」「常識」「推理」と多岐に渡ります。本校はさまざまな分野から出題されることに加えて、解答時間も短いことから、問題内容についてすぐに理解して、テンポよく解き進めていくことが要求されます。

２次試験は、運動・制作（口頭試問）の順に行われました。２次試験だけを比較すれば慶應義塾幼稚舎の入試に近い形式です。試験時間は約 90 分。男女とも、４月生まれから順に１グループ 25 名前後で行われます。２次試験の内容は、よく指示を聞けば、こなせるでしょう。

●ペーパーテストは標準的な内容です。各分野の基礎学力を付ければ対応可能です。指示を理解して実行するだけでなく、配慮やマナーにも気を配りましょう。個性を発揮しようとするのはよいことですが、配慮やマナーに欠けているとよい評価が得られません。

●本年度は行動観察だけのテストはなかったようですが、制作後に自分の作ったものをほかの受験者に発表します。その様子をチェックするという形で志願者の行動は評価されています。注意しておきましょう。

必要とされる力　ベスト６

チャートで早わかり！

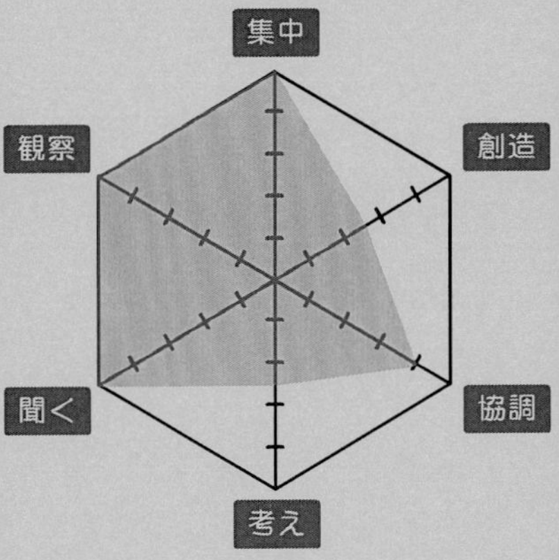

特に求められた力を集計し、左図にまとめました。
下図は各アイコンの説明です。

	アイコンの説明
集中	集　中　力…他のことに惑わされず１つのことに注意を向けて取り組む力
観察	観　察　力…２つのものの違いや詳細な部分に気付く力
聞く	聞　く　力…複雑な指示や長いお話を理解する力
考え	考える力…「～だから～だ」という思考ができる力
話す	話　す　力…自分の意志を伝え、人の意図を理解する力
語彙	語　彙　力…年齢相応の言葉を知っている力
創造	創　造　力…表現する力
公衆	公衆道徳…公衆場面におけるマナー、生活知識
知識	知　　　識…動植物、季節、一般常識の知識
協調	協　調　性…集団行動の中で、積極的かつ他人を思いやって行動する力

※各「力」の詳しい学習方法などは、ホームページに掲載してありますのでご覧ください。http://www.nichigaku.jp

「慶應義塾横浜初等部」について

〈合格のためのアドバイス〉

当校の募集人数は男子66名、女子42名の計108名です。その枠を1,400名近い人数が受験します。1次試験のペーパーテストでは、1問でも間違えてしまうと、合格へ遠のくと考え学習しましょう。各分野1つひとつを集中して、徹底的に対策をとり、試験へ挑みましょう。

1次試験のペーパーテストの内容は複雑なものではなく、小学校受験としてはオーソドックスな出題です。広い分野（常識、図形、推理）からバランスよく出題されたため、出題されている分野の基礎をひと通り理解・習得している必要があります。1問あたりの解答時間が短いことが特徴です。1度で理解し、解答時間内に答えられるよう意識して、学習に取り組んでください。

2次試験では、運動・制作・口頭試問が行われました。

運動は、模倣体操、ボールやコーンなどを使ったサーキット運動です。年齢相応の体力と運動能力があれば、特に問題なく対応できるでしょう。

行動観察は制作の課題とセットで行われ、制作したものを発表し合うという形式で行われました。集団の中でどのように行動するかを観察する試験なので、協調すること、マナーを守ることはもちろん、積極的に楽しみながら取り組みましょう。

制作の課題では、創造力・発想力・表現力だけでなく、道具や材料をていねいに扱うこと、後片付けをきちんと行うことも観られます。家庭ではお子さまの自由な表現を尊重しつつも、後片付けなどを丁寧にする態度も指導してください。

この課題制作中に先生が巡回し、制作物について「何を作っていますか」「どうしてそれを作ったのですか」などとたずねます。学校側が観ているのは、相手の話をきちんと聞く姿勢と、問いかけに対し真摯に答えようとしているか、といったことです。作業の手を止めて、先生の顔をみて、丁寧な言葉を使い、質問の意味を理解し、それに沿った答えを言いましょう。作りながら質問に答えようとするとどうしても、いいかげんな受け答えをしてしまいます。それでは評価が悪くなってしまい、いくらよいものを作ったとしても、合格レベルには達しないでしょう。

なお、2次試験は、試験日や時間帯によって出題内容が異なります。4月生まれに近いほど、徐々に内容が難しくなるため、月齢の考慮もある程度はあると考えてよいでしょう。

〈2020年度選考〉

＜1次試験＞

◆ペーパーテスト（常識・図形・推理）

＜2次試験＞

◆運動

◆制作

◆口頭試問

◇過去の応募状況

2020年度 男子772名 女子602名
2019年度 男子763名 女子636名
2018年度 男子772名 女子601名

入試のチェックポイント

◇受験番号は…「ランダムに決める」
◇生まれ月の考慮…「あり」

㊢ 先輩ママたちの声！

◆実際に受験をされた方からのアドバイスです。
ぜひ参考にしてください。

慶應義塾横浜初等部

・「集合時間の30分前から来校可」という案内があったため、30分前に待機室に到着すると、すぐ子どもは別の教室に移動しました。子どもの様子を気にしながら、時間を調節した方がよいと思います。

・試験時間がお昼の時間と重なったので、朝はいつもよりしっかりと食事をさせました。

・ペーパーテストはあっという間に終わりました。１つひとつの問題と向き合う時間がとても短かったそうです。スピードに対応する訓練が必要なようです。

・２次試験では１次試験よりも先生の数が多くなるので、子どもが緊張しないようリラックスさせてあげてください。

・試験中、親は講堂で待機なので、本などを準備されるとよいと思います。

・親子面接がないので、願書を重点的に観られたと思います。「志望理由」や「小泉信三先生が執筆した本の感想」などの記入欄は特にしっかりと準備して書かれた方がよいと思います。

・試験は楽しかったようですが、楽しさにつられてふざけないようにすることが大事です。

・２次試験は体操着での受験です。体操着をきちんと着られたか、保護者が確認してあげるとよいと思います。

・子どもが試験前に校舎を見学する機会がないので、１次試験の直前に校門の前まで連れて行きました。「素敵なところだね」「入りたいね」とモチベーションが上がり、当日も緊張することなく入試に臨めました。

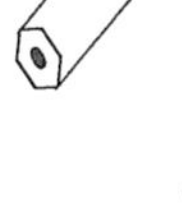

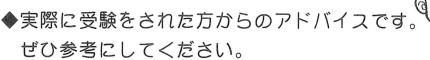

慶應義塾横浜初等部

過去問題集

〈はじめに〉

現在、少子化が叫ばれているにもかかわらず、私立・国立小学校の入学試験には一定の応募者があります。入試は、ただやみくもに学習するだけでは成果を得ることはできません。志望校の過去における出題傾向を研究・把握した上で、練習を進めていくこと、その上で試験までに志願者の不得意分野を克服していくことが必須条件です。そこで、本問題集は小学校を受験される方々に、志望校の出題傾向をより詳しく知って頂くために、過去に遡り出題頻度の高い問題を結集いたしました。最新のデータを含む精選された過去問題集で実力をお付けください。

また、志望校の選択には弊社発行の「2021年度版　首都圏・東日本　国立・私立小学校　進学のてびき」（4月下旬刊行予定）をぜひ参考になさってください。

〈本書ご使用方法〉

◆出題者は出題前に一度問題を通読し、出題内容などを把握した上で、〈 準 備 〉の欄に表記してあるものを用意してから始めてください。

◆お子さまに絵の頁を渡し、出題者が問題文を読む形式で出題してください。問題を読んだ後で、絵の頁を渡す問題もありますのでご注意ください。

◆「分野」は、問題の分野を表しています。弊社の問題集の分野に対応していますので、復習の際の目安にお役立てください。

◆問題番号右端のアイコンは、各問題に必要な力を表しています。詳しくは、アドバイス頁（ピンク色の１枚目下部）をご覧ください。

◆一部の描画や工作、常識等の問題については、解答が省略されているものがあります。お子さまの答えが成り立つか、出題者が各自でご判断ください。

◆〈 時 間 〉につきましては、目安とお考えください。

◆［〇年度］は、問題の出題年度です。［2020年度］は、「2019年の秋から冬にかけて行われた2020年度志望者向けの考査の問題」という意味です。

◆学習のポイントは、指導の際にご参考にしてください。

◆【おすすめ問題集】は各問題の基礎力養成や実力アップにご使用ください。

〈本書ご使用にあたっての注意点〉

◆文中に**この問題の絵は縦に使用してください。**と記載してある問題の絵は縦にしてお使いください。

◆〈 準 備 〉の欄で、クレヨンと表記してある場合は12色程度のものを、画用紙と表記してある場合は白い画用紙をご用意ください。

◆文中に**この問題の絵はありません。**と記載してある問題には絵の頁がありませんので、ご注意ください。なお、問題の絵の右上にある番号が連番でなくても、中央下の頁番号が連番の場合は落丁ではありません。

下記一覧表の●が付いている問題は絵がありません。

問題1	問題2	問題3	問題4	問題5	問題6	問題7	問題8	問題9	問題10
						●	●	●	
問題11	問題12	問題13	問題14	問題15	問題16	問題17	問題18	問題19	問題20
				●	●		●		
問題21	問題22	問題23	問題24	問題25	問題26	問題27	問題28	問題29	問題30
							●		
問題31	問題32	問題33	問題34	問題35	問題36	問題37	問題38	問題39	問題40
							●		

※問題を始める前に、本文１頁の「本書ご使用方法」「ご使用にあたっての注意点」をご覧ください。

保護者の方は、別紙の「家庭学習ガイド」「合格ためのアドバイス」を先にお読みください。
当校の対策および学習を進めていく上で、役立つ内容です。ぜひ、ご覧ください。

2020年度の最新問題

問題１　分野：推理（座標の移動）

聞く　集中

〈準備〉　クレヨン

〈問題〉　（問題１の絵を渡す）
とおるくんが学校へ行く様子を話すのでよく聞いてください。

家からまっすぐ進むと突き当ります。そこを左に曲がります。その道を進んでいくと、途中、右に曲がる道がありますが、そのまま、まっすぐ進んでください。さらに進んでいったところの突き当りを左に曲がり、次の角を右に曲がります。まっすぐ進むと学校が見えてきますが、とおるくんが通う学校ではありません。その手前を右に曲がり、突き当りを左に見てくるのがとおるくんの学校です。

〈時間〉　２分

〈解答〉　下図参照

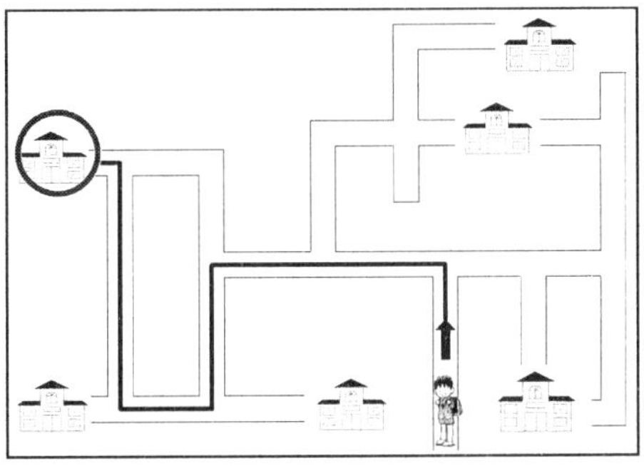

［2020年度出題］

学習のポイント

出題者が読み上げた通りに、目的地までの行き方を線で引く問題です。2019年度は条件にそって迷路を進んでいくという類似問題が出題されており、当校の特徴的な問題といえるでしょう。このような問題では、進む方向によって左右が逆になります。まずはその点が身についているかチェックしてください。わからない時は、問題と同じようにこどもに動いてもらうことで、理解できると思います。お話を聞いて、道順や場所に印を付ける問題は記憶力と思考力の両方が観点になるので、最近よく出題される傾向があります。

【おすすめ問題集】
Ｊｒ・ウォッチャー７「迷路」、47「座標の移動」

問題2　分野：図形（四方からの観察）

観察　集中

〈準備〉　クレヨン

〈問題〉　左端の四角にある積み木を上から見ると、どのような形ですか。正しいものに○をつけてください。

〈時間〉　各30秒

〈解答〉　①真ん中　②左端　③真ん中

［2020年度出題］

学習のポイント

積み木を上から見た場合、正しいものがどれかを答える問題です。当校では頻出問題となっており、確実に押さえたい問題の１つです。この問題では、上から見た図形をすぐにイメージできるかどうかが大切です。何回もペーパーで繰り返してこの種の問題を学習するのもよいですが、問題を解いた後、すぐに○付けを行うのではなく、お子様に積み木を積ませて、自分で答えが合っているかどうかを確認させると理解度が深まります。この体験はすぐにイメージできるようになるだけではなく、視点を変えることによって、「四方からの観察」の類似問題の学習にも繋げることができます。

【おすすめ問題集】

Ｊｒ・ウォッチャー10「四方からの観察」、53「四方からの観察　積み木編」

問題3　分野：常識（理科・知識）

知識

〈準備〉　クレヨン

〈問題〉　（問題３の絵を渡す）
上の段の絵を成長順、お話の順番に並べた時に
①１番目の絵に○を、３番目の絵に△をつけてください。
②３番目の絵に○を、４番目の絵に△をつけてください。
③２番目の絵に○を、３番目の絵に△をつけてください。

〈時間〉　各15秒

〈解答〉　①○：右端　△：左から２番目　②○：左から２番目　△：左端
③○：右から２番目　△：左端

［2020年度出題］

学習のポイント

虫の成長やお話の流れの正しい順番を問う問題です。本問題を解くには虫の成長や物語についての知識がないと解くことはできないでしょう。そのためには、さまざまなものに触れる体験をたくさんしておきましょう。図鑑などはもちろん、今ではインターネットなどを使って、知ることもできます。できるのであれば、実際に外に出かけたり、昆虫館などに行ったりして、実際に虫を見てみましょう。実物を見ることで、本やインターネットよりもいきもののサイズや模様が伝わり、知識として入りやすくなります。

【おすすめ問題集】

Ｊｒ・ウォッチャー27「理科」、55「理科②」

問題4　分野：常識（マナー）

考え

〈準備〉　クレヨン

〈問題〉　（問題４の絵を渡す）
この絵のなかで、正しいことをしている子には〇を、いけないことをしている子には×をつけてください。

〈時間〉　30秒

〈解答〉　下図参照

［2020年度出題］

学習のポイント

例年、マナーに関する問題はあまり出題されてきませんでしたが、本年度は出題されました。電車の中でのマナーについて問われています。ここでの良い行為、悪い行為ということだけ覚えさせても意味はありません。良い、悪いではなく、マナーの意味を含め教えるようにしましょう。それは「電車の中で」という場所に限定せず、生活のあらゆる場面においてもいっしょです。マナーを身に付けることはお子さまのこれからの成長に大切なことでもあります。そして何よりもマナーの本質である、ほかの人への思いやりをもった子どもになってほしいと思います。

【おすすめ問題集】

　Ｊｒ・ウォッチャー30「生活習慣」、56「マナーとルール」

問題５　分野：推理

集中　聞く

〈準備〉　クレヨン

〈問題〉　（問題５の絵を渡す）

あるものの特徴を３つ言います。その特徴を聞き、何について聞かれていたのか、正しいものに○をつけてください。

①
・卵で産まれます
・水の中が大好きです
・よく跳びます

②
・秋のものです
・ご飯といっしょにまぜて、炊き込みごはんにするとおいしいです。
・木の下などに生えています

〈時間〉　各１分

〈解答〉　①　カエル　②　キノコ

［2020年度出題］

家庭学習のコツ①　「先輩ママのアドバイス」を読みましょう！

本書冒頭の「先輩ママのアドバイス」には、実際に試験を経験された方の貴重なお話が掲載されています。対策学習への取り組み方だけでなく、試験場の雰囲気や会場での過ごし方、お子さまの健康管理、家庭学習の方法など、さまざまなことがらについてのアドバイスもあります。先輩ママの体験談、アドバイスに学び、ステップアップを図りましょう！

学習のポイント

本問は３つのヒントが出され、そこから推測して答えを出すという問題です。ヒントを順番に聞いて、これだ！　と瞬時に答えられるかどうかが大切です。例えば、①の最初のヒントは、卵で産まれますというもの。このヒントによって解答の選択肢のラッコやウシは答えではありません。水の中が大好きですという次のヒントによって、カラスが答えではなくなります。そして最後の、よく跳びますというヒントから、正解がカエルであることがわかります。このように、順番にヒントを聞けばすぐに答えはわかるのですが、ヒントから連想できないほど知識がないと話になりません。まずは身の回りにある植物や見かける動物を学んでください。そして、余裕が出てくれば、動物園や水族館、そしてメディアを通してこの種の問題でよく出題されるいきものを学んで知識を増やしてください。

【おすすめ問題集】
Ｊｒ・ウォッチャー27「理科」、55「理科②」

問題6　分野：常識（知識）

知識　聞く

〈準備〉　クレヨン

〈問題〉　（問題６の絵を渡す）
おじいちゃんの家へ行きました。おじいちゃんはゆうこさんが来るのをとても楽しみにしていました。ゆうこさんが大好きなゲームはもちろん、トランプ、テレビなど、好きなだけ遊んでいいよと言いました。でもまず、ゆうこさんはおじいちゃんのそうじのお手伝いをすることにしました。その時に使うものに○をつけてください。

〈時間〉　15秒

〈解答〉　下図参照

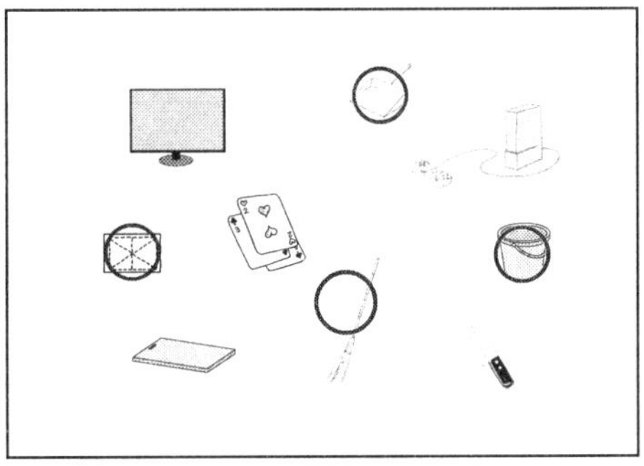

［2020年度出題］

家庭学習のコツ②　「家庭学習ガイド」はママの味方！

問題演習を始める前に、試験の概要をまとめた「家庭学習ガイド（本書カラーページに掲載）」を読みましょう。「家庭学習ガイド」には、応募者数や試験科目の詳細のほか、学習を進める上で重要な情報が掲載されています。それらの情報で入試の傾向をつかみ、学習の方針を立ててから、対策学習を始めてください。

学習のポイント

この問題の最大のポイントは「問題文が何を聞いているかが最後まで聞かないとわからないこと」です。具体的に言うと、最初は遊びに行く話なのに、最後に掃除の話に変わっていることがわかりにくいでしょう。いわゆる１つのひっかけ問題の類いですが、近年、最後まで人の話を聞けない子どもが多いといわれている現状を考えると、ひっかけ問題ととるのではなく、躾に対する警笛を鳴らしている問題とも受け取ることができます。現在の子どもの盲点を突いた問題の１つと言えるでしょう。こうした盲点はさまざまなところに存在しています。一昔前までは机を拭く時に、隅々まできちんと拭けていたかということが観られていました。できる、できないに焦点を当てるだけでなく、こうした関係することも気をつけるようにしましょう。

【おすすめ問題集】

Ｊｒ・ウォッチャー30「生活習慣」、56「マナーとルール」

問題7　分野：運動（準備体操）

集中　聞く

〈準備〉　なし

〈問題〉　**この問題の絵はありません。**

今から準備体操をします。私（出題者）と同じように、体を動かしてください。

　私といっしょに同じ動作をしてください。

①しゃがむ、膝を伸ばす、膝の屈伸

②体を前に倒す前屈、うしろに反らせる後屈

　ここからは、私のポーズを見てからしてください。

③両腕を横に広げ、片足で立ちましょう。

④もう片足をまっすぐ伸ばし、前に動かし、そして後ろへ動かしましょう。

⑤頭を両手でパンパンと叩きましょう。（同じ行為を肩、膝、お尻の順で行う）

〈時間〉　適宜

〈解答〉　省略

［2020年度出題］

学習のポイント

当校の２次試験で実施される運動テストの前に行う準備運動です。準備ですから、できない場合でも評価に影響することはありません。ただし、さまざまな運動をするので、よく聞き、よく見て理解することが大切です。小学校受験の基本は指示をよく理解して、そのとおりに実行することです。準備運動だからといって、ふざけたり、ほかの受験者の邪魔になる行動は絶対にやめましょう。

【おすすめ問題集】

運動テスト問題集、Ｊｒ・ウォッチャー28「運動」

問題8　分野：運動（サーキット）　聞く　集中

〈準備〉

コーン（スタートから５メートル先に置く）、
ビニールテープ（ピンク、コーンから５メートル離れた地点に貼っておく、貼った地点から３メートル離れた地点にも貼っておく）
ボール（子どもの顔ぐらい、コーンから近い方のテープの横に置いておく）

〈問題〉　この問題の絵はありません。

①スタートからコーンのところまで、スキップで進んでください。
②コーンのまわりを１周してから、ビニールテープまで走ってください。
③（ビニールテープの横にボールがあります）
ボールを上に投げて、ボールが落ちるまでに、奥にあるもう１つのビニールテープへ走ってください。
④走り終えたら、気をつけをして、終了です。

〈時間〉　適宜

〈解答〉　省略

［2020年度出題］

学習のポイント

本問で行う動作は、①、②は体力と運動能力が年齢相応であれば、難しいものではありませんが、③の動作は考えてから取り組まなければなりません。思いっきり投げてゆっくり進めば、簡単に取り組めることができますが、求められていることはそうではありません。ボールを上へ投げた高さと、自分が走る距離を考えて、ボールを投げる強さを考えることが求められています。また、ボールを投げる方向も大切です。上に、とだけ指示が出ていますが、実際には真上が望ましい方向です。ですから、投げた方向にだけ意識がいってしまうと、ほかの動作がおろそかになってしまう場合があるので気をつけましょう。このような行為は、得意な子と、苦手な子が分かれる内容だと思います。投げたボールが全く違う方向へ行ってしまうことは、年相応の運動能力とは観られないので練習しましょう。

【おすすめ問題集】
新運動テスト問題集、Ｊｒ・ウォッチャー28「運動」

問題9　分野：制作

聞く　協調

〈準　備〉　油粘土（青、グレー、白）

〈問　題〉　**この問題の絵はありません。**
目の前にある油粘土を使って、「今日の夜食べたいもの」を作ってください。
（作っている途中で）
①「美味しそうだね、何を作っているの？」
「この中に何が入っているの？」
「この中で一番食べたいものは何？」（複数個作成する場合）
（上記制作が終わったら）
②それでは、お友だちに自分の作ったものを紹介してみよう。

〈時　間〉　適宜

〈解　答〉　省略

［2020年度出題］

学習のポイント

制作するものを自分で考え、作ったものをみんなに発表することで、制作と行動観察の複合的なものとして扱われている課題です。本問の特徴は、自分の作ったものを「発表する」ということと、制作の途中で「質問される」ことです。発表することも、質問されることも、人にわかるように伝えることが大切です。つまり、コミュニケーション能力が観られています。また、この課題は、３色の油粘土だけで作品を作るので、課題を作るだけでも難しいと思います。ご家庭で取り組んだ時、お子さまは使用した粘土がどのようになっていましたか。入学試験では、出題された内容だけでなく、後片付けの状態も観られています。受験者数と合格者数を比べた時、こういった指示されていないことができているかどうかが１つのポイントといえるでしょう。言われたからするのではなく、日頃からもこうした片付けなどもセットで取り組むようにしましょう。

【おすすめ問題集】
Ｊｒ・ウォッチャー22「想像画」、23「切る・貼る・塗る」
実践 ゆびさきトレーニング①②③

家庭学習のコツ③　効果的な学習方法～問題集を通読する

過去問題集を始めるにあたり、いきなり問題に取り組んではいませんか？　それでは本書を有効活用しているとは言えません。まず、保護者の方が、すべてを一通り読み、当校の傾向、ポイント、問題のアドバイスを頭に入れてください。そうすることにより、保護者の方の指導力がアップします。また、日常生活のさまざまなことから、保護者の方自身が「作問」することができるようになっていきます。

問題10　分野：お話の記憶

聞く　集中

〈準 備〉　クレヨン

〈問 題〉　けんたくんは、お父さんと一緒に本屋さんへ行きました。本屋さんには、「わりばしミニカー」が飾られていて、横にその作り方が書かれた本が売られていました。けんたくんはお父さんにお願いして、作り方の本を買ってもらいました。お家に帰るとすぐに、ミニカー作りの準備を始めました。お母さんに「わりばしをちょうだい」と言うと、お母さんは「仲間に入れてくれるならあげるわ」と言ったので、お母さんからわりばしをもらい、お父さんとお母さん、けんたくんの３人で、わりばしミニカーを作ることにしました。けんたくんは青いスポーツカーを作りました。お父さんは赤い消防車、お母さんは黄色いトラックを作りました。ミニカーができたので、お父さんが作ってくれたコースで競争することにしました。「ヨーイドン」と言って、けんたくんとお父さん、お母さんは、一斉にミニカーから手を放しました。３台のミニカーは、どんどん坂道を下っていきます。途中でお父さんの車と、お母さんの車がぶつかってしまいました。その間にけんたくんの車がゴールしました。そのあと、お母さん、お父さんの車の順番にゴールしました。けんたくんは「やったー、僕の勝ちだね」と言って喜びました。お父さんはくやしそうに、「もう１回競争しようよ」と言いましたが、お母さんが「お昼ご飯を食べてからにしようね」と言ったので、競争するのはやめて、片付けをしました。

（問題10の絵を渡す）
①お母さんがけんたくんにくれたものはどれですか。選んで○をつけてください。
②けんたくんが作った車はどれですか。選んで○をつけてください。
③黄色い車を作ったのは誰ですか。選んで○をつけてください。
④競争で１番先にゴールした車に○を、１番最後にゴールした車に×をつけてください。

〈時 間〉　各15秒

〈解 答〉　①右端　②右から２番目　③左から２番目　④○：右から２番目　×：左端

［2019年度出題］

学習のポイント

2020年度はお話の記憶は出題されませんでした。ただ、過去に何度も出題されているので、必ず取り組んでおきましょう。お話の文字数は600字程度です。過去に出題されたお話もこの分量なので、この程度のお話は記憶できるようにしましょう。お話の内容は、本屋へ行き、そこでミニカーの作り方の本を買い、作って、競わすという流れです。話の展開に特別変わったできごとが盛り込まれていないので、難しい内容ではありません。ただ当校の場合は、質問で誰がどのミニカーを作ったのか、先にゴールしたミニカーはどれかというような細部を聞いてきます。ですので、細部まで聞き逃さないように意識をして日頃の学習に取り組んでください。また、解答時間が短めであるので、時間内に解答できるように測りながら取り組んでみてください。

【おすすめ問題集】
　１話５分の読み聞かせお話集①②、入試実践編①
　お話の記憶 中級編・上級編、ウォッチャーズアレンジ③～記憶力UP編～

問題11　分野：お話の記憶

聞く　集中

〈準 備〉　クレヨン

〈問 題〉　朝ごはんの時間です。ともこさんがテーブルにつくと、お父さんと弟のひろきくんがもう待っていました。こんがりと焼けたパンをお母さんが持ってきたので、「いただきます」と言い、パンにジャムをたっぷり塗って食べました。お父さんが会社に出かけるのをお見送りしたあと、お母さんとともこさん、ひろきくんはスーパーへお買い物に出かけました。
ともこさんたちはスーパーにつくと、野菜売り場へ行きました。お母さんはともこさんとひろきくんに「シイタケとナスとトマトとキュウリを持ってきて」と頼みました。ともこさんはシイタケとナスを見つけてお母さんが持っているカゴに入れました。ひろきくんもトマトとキュウリを持ってきました。それから、食パンと牛乳とオレンジジュースもカゴに入れました。「あとは、お父さんの大好きなお魚ね」とお母さんが言ったので、ともこさんは魚売り場へ行き、大きくておいしそうな魚を見つけてカゴに入れました。たくさんお買い物をしたあと、「お家へ帰るまえに、ちょっとひと休みしましょう」と言って、ともこさんたちはソフトクリームを食べてから、お家へ帰りました。

（問題11の絵を渡す）
①ともこさんの家族はどれですか。選んで○をつけてください。
②ともこさんがカゴにいれた野菜はどれですか。選んで○をつけてください。
③お父さんの大好きな食べ物はどれですが。選んで○をつけてください。
④ともこさん達が買わなかったものに、○をつけてください。

〈時 間〉　各15秒

〈解 答〉　①左から２番目　②左から２番目、右から２番目　③右端　④左端、右端

［2019年度出題］

学習のポイント

問題11と同様に、登場人物が買ったものや、好きな食べ物などの細かい部分の質問が多く出ています。また、本問題では買わなかった物はどれですか、という出題もされています。お話に出てこなかったものの記憶も大事であることを頭に置いといてください。お話の記憶の学習は、実際に出た問題を解くだけでなく、日頃読んでいる絵本でもすることができます。ただ読み終えるだけでなく、お子さまにどのような話だったか、〇〇は何色のものを持っていたか、などさまざまな質問をすることで、お話の細部を記憶できることはもちろん、お子さまなりにお話を解釈して、面白い発想や創造力も身についていきます。絵本の読み聞かせも学習の１つとしてぜひ取り組んでみてください。

【おすすめ問題集】
１話５分の読み聞かせお話集①②、入試実践編①
お話の記憶　中級編・上級編、ウォッチャーズアレンジ③～記憶力UP編～

問題12　分野：図形（同図形探し）

観察　集中

〈準　備〉　クレヨン

〈問　題〉　**この問題の絵は縦に使用してください。**
1番上の段を見てください。左のお手本と同じ絵を、右の4つの絵の中から選んで、○をつけてください。できたら、ほかの段も同じようにやりましょう。絵の中には、向きが違うものもあります。

〈時　間〉　各15秒

〈解　答〉　①左から2番目　②右端　③右から2番目　④右端　⑤左端　⑥左から2番目

［2019年度出題］

学習のポイント

図形分野の問題は、当校では例年出題される頻出分野です。同図形探しはもちろん、四方からの観察などさまざまな図形の問題が扱われています。図形分野で共通する観点の1つとして、細かい部分まで観ているかどうかが求められています。本問の同図形探しの基本的な解き方は、まずは図形の全体部分を観て、その後に細かい部分を観て、お手本と同じかどうか観ていくことです。例えば①の場合、白いウサギあること（全体部分）を確認してから、ウサギの表情やヒゲ（細かい部分）に目を配ります。本問のように、細かい部分まで観察することを求められる問題は、違っている点を探すのではなく、同じ点を確認していくようにすると、見落としや勘違いを減らすことができます。具体的に言うと、④の場合では、1つひとつが回転しているので、合っているかどうか確認しづらいでしょう。見本のゾウと見比べて、同じ向きの鼻や目の下の窪みなどを1つひとつ確認していくと、見落としや間違いが減ります。

【おすすめ問題集】
Ｊｒ・ウォッチャー４「同図形探し」、５「回転・展開」

問題13　分野：聞く記憶

聞く　集中

〈準　備〉　クレヨン

〈問　題〉　今日はみんなで動物園に来ました。太郎くんは長袖のシャツを着て、手にアイスクリームを持っています。きょうこさんは髪を結んでいて、手に図鑑を持っています。さとしくんは白い半そでのシャツを着て、キリンにニンジンをあげようとしています。
（問題13の絵を渡す）
絵をよく見て、太郎くんに○を、きょうこさんに△を、さとしくんに□をつけてください。

〈時　間〉　30秒

〈解　答〉　下図参照

［2019年度出題］

学習のポイント

本問では、複雑な指示であっても１度で聞き取る集中力と、指示通りに答える正確さが求められています。話の内容で３人の特徴を思い浮かべた時、アイスクリーム、本、ニンジンを持っているのはほかにいないので、わかりやすいでしょうが、その後の解答する記号をしっかり記憶して置かなければいけません。最後まで気を抜いてはだめだと意識させてくれる問題です。また、解答記号がしっかりと書けているかチェックしてください。三角や四角には頂点があります。この頂点をしっかり書かないと、形が崩れ、三角や四角が○に、○が三角や四角に見えてしまうことがあります。入試では、この判断を採点者が行います。ですから、誰が見てもその記号であることがわかるように、解答記号をしっかり書く練習をしましょう。

【おすすめ問題集】
Ｊｒ・ウォッチャー20「見る記憶・聴く記憶」、
ウォッチャーズアレンジ④～記憶力UP「見る記憶」編～

問題14　分野：推理（迷路）

集中　観察

〈準備〉　クレヨン

〈問題〉　（問題14－1の絵を渡す）
左上の矢印のところから、迷路を通って右下の矢印のところまで進みます。道は○△□の順にしか進めません。通る道に赤い線を引いてください。
（問題14－2の絵を渡す）
左上の矢印のところから、迷路を通って右下の矢印のところまで進みます。道は○△□☆の順にしか進めません。通る道に赤い線を引いてください。

〈時間〉　各1分

〈解答〉　下図参照

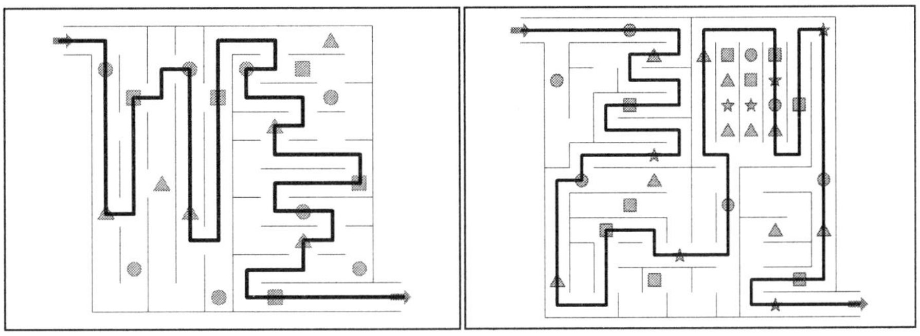

［2019年度出題］

学習のポイント

推理分野の問題では、指示を理解し、絵を観察し、論理的に考えて答える力が求められています。当校の推理分野の問題は、短い時間で答えなければならないという点で、さらに難しくなっているといえるでしょう。本問のように条件指示のある問題では、指示された条件について考えることを優先させます。問題14－1では、「○→△→□」の順に進める方の道を選んでいけば、結果的にゴールにたどり着けます。問題14－2についても同様に考えてください。あまり難しく考えずに、「お約束を先に考える」ことだけ、しっかりと守らせるようにしてください。推理分野の学習では、後の学習に活きる思考力を養うことができます。ご家庭で指導する場合にも、テクニックにたよらず、保護者の方が先に基本的な考え方を理解した上で、お子さまによく考えさせることを大切にして指導してください。

【おすすめ問題集】
　Ｊｒ・ウォッチャー７「迷路」、
　私立小学校入試セレクト問題集 NEWウォッチャーズ推理編①②

家庭学習のコツ④　効果的な学習方法～お子さまの今の実力を知る

１年分の問題を解き終えた後、「家庭学習ガイド」に掲載されているレーダーチャートを参考に、目標への到達度をはかってみましょう。また、あわせてお子さまの得意・不得意の見きわめも行ってください。苦手な分野の対策にあたっては、お子さまに無理をさせず、理解度に合わせて学習するとよいでしょう。

問題15　分野：運動（準備運動）

聞く

〈準　備〉　なし

〈問　題〉　**この問題の絵はありません。**
今から準備体操をします。私（出題者）と同じように、体を動かしてください。

私といっしょに同じ動作をしてください。
①しゃがむ、膝を伸ばす、膝の屈伸
②体を前に倒す前屈、うしろに反らせる後屈
ここからは、私のポーズをまねしてください。
③両腕を横に広げて、片足で立ちましょう。少ししたら、反対側の足に変えてください。
④飛行機のポーズで、片足で立ちましょう（片足で立ち、両手を広げて体は前に倒し、あげている方の足は後ろへ）。
⑤お相撲さんのように膝を曲げて立ちましょう。そのままの姿勢で、右や左に動いてみてください。
⑥では最後に、好きなポーズをしてみてください。

〈時　間〉　適宜

〈解　答〉　省略

［2019年度出題］

学習のポイント

当校の２次試験では運動テストが行われます。本問はその前に行われる準備体操となります。受験者への評価はすでに始まっているので、準備だからと安心せず、１つひとつの行動に注意を払いながら進めてください。準備体操は、例年似たような内容であり、練習すればできるものばかりですが、出題者である先生が指示された動きと、同じ動きをすることが大切です。余計な動きまでしたり、自分勝手な動作をすれば評価を下げてしまうかもしれません。そのような失敗を避けるためにも、日頃から、人の話を聞き、ルールを守ったうえで行動できるよう指導していきましょう。

【おすすめ問題集】
運動テスト問題集、Ｊｒ・ウォッチャー28「運動」

問題16　分野：運動（サーキット）

集中　聞く

〈準 備〉　コーン（スタートから５メートル先に置く）
マット（コーンから５メートル離れた地点に置く）
ビニールテープ（マットの端あたりに貼っておく、もう１つを貼ったものの３メートル奥に貼る）

〈問 題〉　**この問題の絵はありません。**
①スタートからコーンのところまで、スキップで進んでください。
②コーンのまわりを１周してから、マットのところまで走ってください。
③マットの上を、いもむしごろごろで３回まわりながら進んでください。
④線を引いたところでしゃがんでから、ゴールまで全力で走ってください。
⑤ゴールまで来たら、気をつけの姿勢で待っていてください。

〈時 間〉　適宜

〈解 答〉　省略

［2019年度出題］

学習のポイント

体力と運動能力が年齢相応であれば、特に難しい動作はありません。観られているのは、指示をきちんと聞いているか、まじめに取り組んでいるかなどです。与えられた課題に集中して取り組めるように、日常の生活の中でも遊ぶ時は遊ぶ、学習する時は学習するなど、メリハリをつけるようにするとよいでしょう。当校のように応募人数が多い学校では、課題をしっかりとこなすことができる受験者が多く集まります。そのような場では、かなり抽象的ですが、お子さまの「目の輝き」や「光るもの」が合否に影響するかもしれません。そのような部分は、お子さまが良い状態で試験に臨めていれば、自然と発揮されているものです。ふだんから、何ごとに対しても楽しみながら取り組み、試験の場でも自然体で行動できるように準備を進めてください。

【おすすめ問題集】
新 運動テスト問題集、Ｊｒ・ウォッチャー28「運動」

問題17　分野：行動観察（グループ活動）

聞く　協調

〈準 備〉　鬼の面をペットボトルに貼ったもの（３個～６個）、お手玉（30個程度）

〈問 題〉　**この問題は絵を参考にしてください。**
（10名程度のグループを作る）
今から的あてゲームをします。
箱のなかのお手玉を２つ持って、線が引いてあるところまで走ります。線のところから鬼をめがけてお手玉を投げます。２つ投げたら、次の人にバトンタッチします。先に３匹の鬼を倒したチームの勝ちです。それでは始めてください。

〈時 間〉　適宜

〈解 答〉　省略

［2019年度出題］

学習のポイント

グループに分かれての行動観察では、課題のはじまりからおわりまでの、お子さまの一連の行動が観られています。指示をよく聞いて、課題に積極的に参加し、元気よく楽しく取り組んでください。本問はグループで競争をする形式ですが、その勝敗は合否に影響はありません。それよりも、自分のグループが勝つために、お友だちに応援の声をかけたり、上手く的に当てるために投げ方の工夫をしたりといった振る舞いが評価されるのです。この様な振る舞いが自然にできて、そこからお子さま自身の良さが伝わることが望ましいです。しかし、お子さまが自身の良さを相手に伝えるというのは、一朝一夕でできるようなものではありません。ふだんから、お友だちと関わりを通して学び、考え、あたりまえのものとして身に付くようにしていくとよいでしょう。

【おすすめ問題集】
Ｊｒ・ウォッチャー29「行動観察」

問題18　分野：制作

聞く　協調

〈準　備〉　画用紙、のり、ビニール袋、机、折り紙、モール、クレヨン

〈問　題〉　**この問題の絵はありません。**
（準備した材料を渡す。この問題は、20人程度のグループで行う）
①今から公園へ遊びに行きます。はじめに公園で遊ぶものを、渡した材料で作ります。
（画用紙を１枚ずつ渡す）
②今渡した画用紙を丸めて、端をのりで貼り付けて筒をつくります。できたら、前の机の上にある材料の中から好きなものを選んで、遊ぶものを作ってください。
（上記制作が終わったら）
③できたら、ビニール袋の中にゴミを入れて先生に渡してください。できたものは机の上に並べて、ほかのお友だちが作り終わるのを待ちましょう。
（全員ができたら）
④それでは公園に遊びに行きましょう。そこで何をして遊ぶのか、グループのみんなで相談して決めましょう。

〈時　間〉　適宜

〈解　答〉　省略

［2019年度出題］

学習のポイント

制作するものを自分で考え、作ったものを使ってみんなで遊ぶという、当校で例年出題されている課題です。与えられる材料が少ない中で、作るものを自由な発想で考える点から創造力や想像力が観られ、グループ遊びからは積極性や協調性が観られていると考えられます。当校の場合、課題をそつなくこなすだけでは合格ラインに届きません。前問の行動観察や運動と同様に、「光るもの」を持っていることが伝えられるとよいでしょう。本問の場合、画用紙で作った筒をきっかけに、公園でどのように遊ぶのかを思い浮かべられるかというところでしょう。遊びを想像することも難しいですが、それを言葉にして伝えることも難しいことです。たとえ小さなことであっても、お子さまが伝えたことの優れている点を言葉にして、お子さまが自信をもって表現できるようにしていくとよいでしょう。

【おすすめ問題集】

Ｊｒ・ウォッチャー22「想像画」、23「切る・貼る・塗る」
実践 ゆびさきトレーニング①②③

問題19　分野：お話の記憶

集中　聞く

〈準 備〉　クレヨン

〈問 題〉　これからお話をしますので、よく聞いてください。

ようこさんは、お兄ちゃんとお父さんと一緒におばあちゃんの家へ遊びにいきます。お父さんの運転する車に乗って、ようこさんたちはおばあちゃんの家へ出発しました。「おばあちゃんの家についたら、何をして遊ぼうかな」ようこさんは、ワクワクしながら考えていました。おばあちゃんの家につくと、おばあちゃんがお昼ご飯を用意して待っていました。おばあちゃんは「みんなよく来たね。たくさんお食べなさい」と言いました。おばあちゃんが用意してくれたトウモロコシとサンドイッチを食べて、ようこさんはおなかがいっぱいです。お兄ちゃんは、「おばあちゃんの家の裏には、大きな林があるんだ。そこで虫取りをしようよ」といいました。でも、ようこさんは林へ行くのが少し怖かったので、「わたしは田んぼが見たいな」と言いました。お兄ちゃんと一緒に田んぼへ行くと、稲が大きな実をつけていました。もうすぐ収穫の時期です。まわりを見回すと、トンボがたくさん飛んでいました。お兄ちゃんが網を使ってトンボをつかまえました。ようこさんは、お兄ちゃんがつかまえたトンボを、おそるおそる手で持ってみました。するとトンボがバタバタ暴れたので、びっくりして手を放してしまいました。「あーあ逃げちゃった」と言って、ようこさんはトンボの飛んでいく方をずっと見ていました。

（問題19の絵を渡す）
①おばあちゃんの家へ行ったのは誰ですか。選んで赤い○をつけてください。
②ようこさんたちがお昼に食べたものに青い○をつけてください。
③ようこさんとお兄ちゃんは、どこへ遊びに行きましたか。選んで黒い○をつけてください。
④お兄ちゃんがつかまえた虫に黄色い○をつけてください。

〈時 間〉　各15秒

〈解 答〉　①左から２番目　②左端・右から２番目　③左端　④左から２番目

［2018年度出題］

学習のポイント

お話の記憶の問題が出題された年は、男女で別のお話が用意されています。お話の長さ、難しさに大きな変化はありません。登場人物と場面ごとのできごとをつかみ、その上で細かい部分に気を配って聞き取る力が要求されています。一度でお話を聞き取る力を身に付けるためには、読み聞かせ・聞き取りの練習を繰り返すことが大切です。その際には、さまざまなお話を用意して、聞き取りの練習が単調にならないように工夫をしてください。また、お話を読み聞かせたあとに、内容をつかめているか確かめる質問をする習慣をつけると、集中して聞き取る姿勢が身に付きます。

【おすすめ問題集】

1話5分の読み聞かせお話集①②、入試実践編①
お話の記憶　中級編・上級編、ウォッチャーズアレンジ③～記憶力UP編～

問題20　分野：お話の記憶

集中　聞く

〈準備〉　クレヨン

〈問題〉　これからお話をしますので、よく聞いてください。

夏休みのある日、まことくんはお父さんと一緒に海へ行きました。まことくんはTシャツを着てつりざおを手に持ち、半ズボンを履いていました。お父さんはえりのついたシャツを着て、かっこいいサングラスをかけ、長ズボンを履いていました。海まで電車に乗っていきました。電車の窓から外を見ると、海にはたくさんのヨットが浮かんでいました。まことくんは、大きくなったらヨットに乗って旅をしたいと思いました。海に着くと、天気がよく、暑かったので、まことくんとお父さんは海で泳ぐことにしました。「水が冷たくて気持ちいいね」泳げるようになったまことくんは、お父さんといっしょにたくさん泳ぎました。「そろそろ魚つりをしよう」とお父さんが言い、２人は泳ぐのをやめて、魚つりを始めました。まことくんは小さな魚を１匹つりました。お父さんは大きな魚を１匹と、小さな魚を２匹つりました。たくさん魚がつれたので、２人はお家へ帰ることにしました。帰りの電車の中で、お父さんが「大きい魚がつれたね。お母さん喜ぶね」と言いました。まことくんも、お母さんが喜ぶと思いました。

（問題20の絵を渡す）

①まことくんとお父さんはどのような格好で海に行きましたか。正しいものに○をつけてください。
②まことくんとお父さんは何に乗って海に行きましたか。選んで○をつけてください。
③まことくんがはじめに海でやったことに○を、次にやったことに△をつけてください。
④まことくんとお父さんは、お魚を２人で何匹つりましたか。つったお魚の数だけ、○に色を塗ってください。

〈時間〉　各15秒

〈解答〉　①左から２番目　②右から２番目
③○：右から２番目　△：右端　④４つ

［2018年度出題］

学習のポイント

お話の記憶の問題は、繰り返しの練習が大切です。基本に慣れたら、次は本番に近い条件で練習してみましょう。試験の当日は、ふだんとは違う不慣れな場所で試験を受けなければなりません。試験が近くなったら、本番で慌ててしまわないように、練習方法を工夫してみましょう。例えば読み手を変えたり、読み方を変えたり、音声を録音してから聞かせてみたり、練習場所を変えてみたりすることなどがあります。お話をアレンジして、質問を変えたり複雑にしたりするのも良いでしょう。さまざまな練習を通して、「一度でしっかりと聞き取る」力を身に付けてください。

【おすすめ問題集】

1話5分の読み聞かせお話集①②、入試実践編①

お話の記憶 初級編・中級編・上級編、Ｊｒ・ウォッチャー19「お話の記憶」

問題21 分野：図形（パズル）

集中 観察

〈準備〉 あらかじめ問題21－1の絵を線に沿って切り離しておく。

〈問題〉 （切り離したパズルと問題21－2の絵を渡す）ここに9枚のパズルがあります。この中からパズルを6枚選んで絵を作ってください。絵ができたら、使わなかったパズルを教えてください。

〈時間〉 1分

〈解答〉 省略

［2018年度出題］

学習のポイント

用意されたパズルを使って絵を作り、その際に使用しなかったパズルを答える問題です。パズルのつながりを見つける2次元の空間認識力と、指示を聞き逃さない注意力が要求されています。パズルを作る際には、全体を見渡してある程度の完成予想図を思い浮かべることと、特定の部品に注目して、ほかとのつながりを見つけることを意識して練習をすると良いでしょう。図形を認識し、完成図を予想する考え方は、いきなり頭に浮かぶものではなく、何度も同種の問題を解くことでイメージできるようになるものです。日常の練習の際にも、パズルが上手くできた時に、「どのように考えたの」と聞いてみて、考え方を言葉で確認する習慣をつけていくようにしてください。

【おすすめ問題集】

Ｊｒ・ウォッチャー3「パズル」、59「欠所補完」

問題22　分野：常識（生活習慣）

知識　聞く

〈準備〉　クレヨン

〈問題〉　（問題22-１の絵を渡す）
絵を見てください。
①この中から、料理に使うものに○を書いてください。
②この中から、音を鳴らすのに使うものに×を書いてください。
（問題22-２の絵を渡す）
絵を見てください。
③この中から、掃除に使うものに○を書いてください。
④この中から、雨の日に外で使うものに×を書いてください。

〈時間〉　各１分

〈解答〉　下図参照

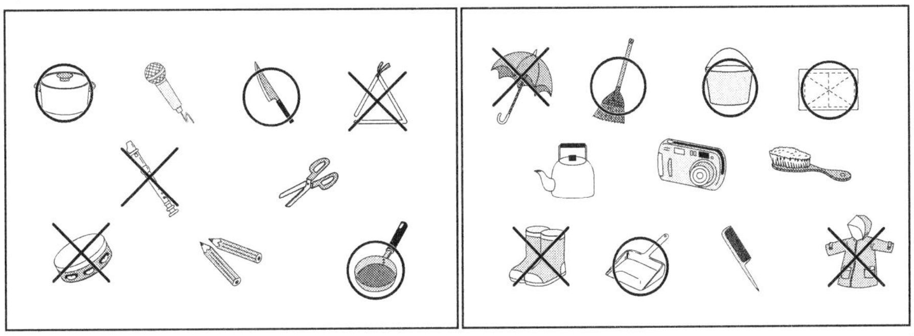

［2018年度出題］

学習のポイント

身のまわりにある道具についての問題です。それぞれの道具の名前と用途を、組み合わせて理解できているかどうかが観点となっています。単純に名前を覚えるのではなく、どんな時に、どのように使うのかを関連付けながら覚えるようにしてください。本問に出ている道具の中には、最近ではご家庭にないものも増えてきてます。スーパーやお店に出かける機会を利用して、道具を見たり、覚えたりしていくと良いでしょう。また、それぞれの道具のデザインにもさまざまなものがあります。店頭で何種類かを見比べて、一般的なデザインを知ることも、スーパーやお店へ出かけることのメリットです。

【おすすめ問題集】
Ｊｒ・ウォッチャー11「いろいろな仲間」、「日常生活」

問題23　分野：図形（四方からの観察）

集中 観察

〈準備〉　クレヨン、積み木（立方体、11個）

〈問題〉　（積み木を問題23-1の絵のように積む。その後、問題23-2の絵を渡す）
絵の中に1つだけ、机の上に置いてある積み木をどの方向から見ても見えない組み方をした積み木があります。その絵に赤い○をつけてください。

〈時間〉　30秒

〈解答〉　右下

［2018年度出題］

学習のポイント

積み木を利用した問題は当校では頻出の問題で、例年パターンを変えながら出題されています。本問では選択肢が6つあるので、四方だけでなく、真上から見た時の形も考えなければいけません。この分野の問題では、それぞれの方向からの立体の見え方を理解できるまで、具体物を使って繰り返し練習をするのが基本です。また、実際の試験では、お手本をイラストで示す場合もあるので、平面に描かれた立体図と、実物との関係をつかむこともポイントになります。ふだんの練習の際には、積み木と平面図の両方を用意し、「図の通りに置く」「置かれた立体と同じ図を選ぶ」などの練習を繰り返し、両者の関係を正確に把握できるように練習をしてください。

【おすすめ問題集】
Ｊｒ・ウォッチャー10「四方からの観察」、16「積み木」、
53「四方からの観察　積み木編」

問題24　分野：図形（重ね図形）

集中 観察

〈準備〉　クレヨン

〈問題〉　（問題24の絵を渡す）左の四角の中の2つの形を回転させたりせずにそのまま重ねると、どのような形になりますか。右の4つの中からさがして、○をつけてください。

〈時間〉　各30秒

〈解答〉　①右端　②左端　③左から2番目　④右端

［2018年度出題］

学習のポイント

図形が描かれた２枚の透明な紙を重ねる問題です。当校では過去に何度か出題されていますので、基本的な解き方を理解しておきましょう。まず、左側の図形の特徴的な部分に注目し、それが選択肢の中にあるかどうかを確認します。次に、右側の図形でも同様に行なうと、答えが見つけられます。上手く見つけられるようになるには、クリアファイルなどを利用して、実際に図形を重ねてみる練習がおすすめです。当校の図形分野の問題は、正確さとスピードの両立がポイントになりますから、１つの図形を見るたびに、その場で点検・確認をする習慣をつけることで、ミスをなくし、スピードを上げていくことが必要になってきます。ふだんの練習の際にも、「その場で解答を見直すこと」を意識して進めるとよいでしょう。

【おすすめ問題集】

Ｊｒ.ウォッチャー35「重ね図形」

問題25　分野：推理（時間の流れ）

集中　考え

〈準 備〉　クレヨン

〈問 題〉　ここにある４枚の絵を、１つのお話になるように順番通りに並べます。左上の絵はおばあさんが喜んで電車から出ていく様子です。２番目の絵には○を、３番目の絵には△を描いてください。

〈時 間〉　１分

〈解 答〉　○：右上　△：左下

［2018年度出題］

学習のポイント

４枚の絵を見てお話の流れ（時間の流れ）を考える問題です。左上の絵をヒントに、ストーリーを感じさせるポイントを見つけることができれば、それほど難しくありません。４枚の絵が並べられているのを漠然と見るのではなく、絵の順番を論理的に考える力が見られている問題です。入試として分類すれば、時間の流れのという知識になりますが、問われている内容は体験の有無によって大きく変わります。ふだんから、お年寄りなどに席を譲っているご家庭なら、特に考えることもなく解くことができるでしょう。しかし、そうでない場合は、知識として頼るほかありません。

【おすすめ問題集】

Ｊｒ・ウォッチャー20「見る記憶・聴く記憶」、21「お話作り」

問題26　分野：運動（サーキット）

集中　聞く

〈準　備〉　コーン、ビニールテープ、スポンジ棒や棒状の細長いもの３本（筒状に丸めた新聞紙など）

〈問　題〉　**この問題は絵を参考にしてください。**
①スタートからコーンまで走って、コーンのまわりを１周してください。
②マットの上を、いもむしごろごろで進んでください。
③川（線）のところまでクマ歩きで進んでください。川についたら、飛び越えましょう。
④箱の中にある３本の棒を、思いきり投げてください。
⑤ゴールまで来たら、気をつけの姿勢で待っていてください。

〈時　間〉　適宜

〈解　答〉　省略

［2018年度出題］

学習のポイント

小学校に進学すると、年齢相応の運動能力を望まれます。そのため、多くの学校で入試において運動テストが行われています。そこで評価の対象となるのは、体力・運動能力だけではありません。先生の指示を聞き、正しく理解することができるか、それをすぐに行動に移すことができるかといった点ばかりではなく、ふざけずにまじめに取り組むか、できなくてもあきらめずに続けられるか、ほかの子の邪魔をしないか、といった取り組む姿勢も評価の対象となります。これらのことは、口頭での指導だけでは、なかなか身につくものではありません。ふだんの実生活の中で、また、お友だちと遊ぶ中で、さまざまな経験を通してお子さまが自分で身に付けていけるようにしてください。

【おすすめ問題集】
新運動テスト問題集、Ｊｒ・ウォッチャー28「運動」

問題27　分野：行動観察（グループ活動）

聞く　協調

〈準　備〉　大きなタオル、大きめの積み木（または箱や段ボール）、フープ、ビニールテープ

〈問　題〉　**この問題は絵を参考にしてください。**
私が「はじめ」と言ったら始めてください。
２人１組になって、大きなタオルのあるところまで走ります。大きなタオルの両端を２人で持ち、タオルの上に積み木を乗せて運びます。フープのところまで運んだら、フープの中に積み上げて、タオルを元の位置にもどし、コーンのところまで戻って、次のチームとバトンタッチします。これを、「やめ」というまで続けてください。積み木を落としてしまった場合は、その位置からやり直してください。それでは始めてください。

〈時　間〉　適宜

〈解　答〉　省略

［2018年度出題］

学習のポイント

２人１組でおこなうグループ活動です。説明を聞くとそれほど難しいものとは思えませんが、実際にやってみると、２人の息を合わせて進める点がやりにくいと感じるかもしれません。はじめて会うお友だちと協力できることや、自分勝手に急いでしまわないように相手を気遣うこと、年齢相応のコミュニケーション能力もこの問題では要求されています。このような力は、ふだんの生活のなかでも身に付けることができます。ご家庭でのお手伝いや、お友だちとの遊びを通して、相手と協力することの大切さを理解していくとよいでしょう。

【おすすめ問題集】
　Ｊｒ・ウォッチャー29「行動観察」

問題28　分野：制作・行動観察・口頭試問

集中　観察

〈準備〉　色画用紙（５色程度）、スティックのり、クレヨン、モール（５色程度）、紐、ハサミ、セロテープ、紙コップ、大きい段ボール

〈問題〉　この問題の絵はありません。
（準備した材料を渡す。この問題は、20人程度のグループで行う）
①今からジャングルに出発します。ジャングルには、「望遠鏡」「カメラ」「お弁当」のうち１つだけ持って行くことができます。好きなものを選んで、渡した材料で作ってください。
（上記制作が終わったら）
②５人１組のグループを組みます。みんなで相談して、段ボールの箱に飾りつけをして、バスを作ってください。
③バスができたら、ジャングルに出発です。そこで何をして遊ぶのか、グループで相談して決めましょう。

〈時間〉　20分程度

〈解答〉　省略

［2018年度出題］

学習のポイント

制作の課題では、ハサミやのりなどの道具の使い方を身に付けていることが必須です。その上で、与えらえた材料で、自分の作りたいものをどうやって表現するかが問われます。身近にある道具を使って、どのようなものが作れるのか考えてみましょう。グループ活動では、自分だけでなく、ほかの受験者の意見を聞き、相談して進めなければいけません。日頃から、集団の中での役割や振る舞いを考える機会を大切にしてください。当校の制作問題では、作業中に先生が子どもに質問することがあります。工作に夢中になって返事を忘れないように注意しましょう。また、終わった後の片付けも観られています。材料は１カ所にまとめ、道具はきちんと並べて返すようにしましょう。

【おすすめ問題集】
　実践 ゆびさきトレーニング①②③、
　Ｊｒ・ウォッチャー23「切る・貼る・塗る」、29「行動観察」

問題29　分野：お話の記憶

聞く　集中

〈準備〉　クレヨン

〈問題〉　（問題29－１の絵を渡す）

これからお話を読みますので、渡した絵を見ながらよく聞いてください。

ある日曜日、ゆかちゃんはお父さん、お母さんと一緒に「慶應動物園」に行きました。入り口でお父さんが３人分の入場券を買ってくれて、中に入りました。まず右に進んで、最初にゾウを見ました。そのあと、ゾウの前にいたキリンのところを左に曲がり、進んだところにサルがいました。サルは高いところにある棒に登っていて、ゆかちゃんはかっこいいと思いました。そこから右に曲がった先にはペンギンがいました。白と黒の体がかっこよく、ゆかちゃんのお父さんも喜んでいます。そこからまっすぐ進むと、ライオンやトラを見ました。ライオンは寝ていましたが、トラはうろうろしながらこっちをみて吠えたので、ゆかちゃんはとても怖がってしまいました。そろそろ帰る時間となり、道に沿って進んでいくと右側にパンダが見えてきました。たくさん人がいたので、ちょっとしか見られなかったのは残念でした。帰る頃には空も薄暗くなっていて、大きな満月が出ていました。それを見て、お母さんが「おうちに帰ったら、ベランダでお月見をしようか」と言いました。

（問題29－１の絵を伏せ、問題29－２の絵を渡す）

①キリンのところを左に曲がった先にいた動物はどれですか。○をつけてください。
②ゆかちゃんが怖いと思った動物はどれですか。○をつけてください。
③最後に見た動物はどれですか。○をつけてください。
④このお話と同じ季節のものを絵の中から選んで、○をつけてください。

〈時間〉　各15秒

〈解答〉　①右から２番目（サル）　②右から２番目（トラ）
③左端（パンダ）　④右端（イモほり）

［2017年度出題］

学習のポイント

本問では、お話を読み上げる時に動物園内の地図が配布され、それを見ながら内容を記憶していく形式となっています。ただし、解答する時は地図を見られませんから、地図が手元にあることに安心せず、お話の内容をしっかりと理解する必要があります。読み聞かせは、日頃から継続して行うことでストーリー全体が１つの流れとして記憶されるようになります。読み聞かせた後の質問も含め、保護者の方から積極的に取り組むようにしましょう。記憶することの難しさ以外に今回の出題のポイントになったものは、左右の見分けが挙げられます。読み上げ文に何度も左・右が登場していますが、当校では過去に座標の問題でも左右の見分けが問われたことがあり、受験者に求めたい能力のひとつとなっているのがうかがえます。日常生活では左右の能力が完璧であっても、入試という状況では混乱してしまう可能性もあります。学習の中でも改めて確認しておきましょう。

【おすすめ問題集】

１話５分の読み聞かせお話集①②　入試実践編①
お話の記憶 初級編・中級編・上級編、
Ｊｒ・ウォッチャー19「お話の記憶」、34「季節」

問題30　分野：常識

知識

〈準備〉　クレヨン

〈問題〉　（問題30の絵を渡す）
下の段にある野菜や果物を切ると、どんな切り口になるでしょうか。上の段から選んで、線で結んでください。

〈時間〉　1分

〈解答〉　下図参照

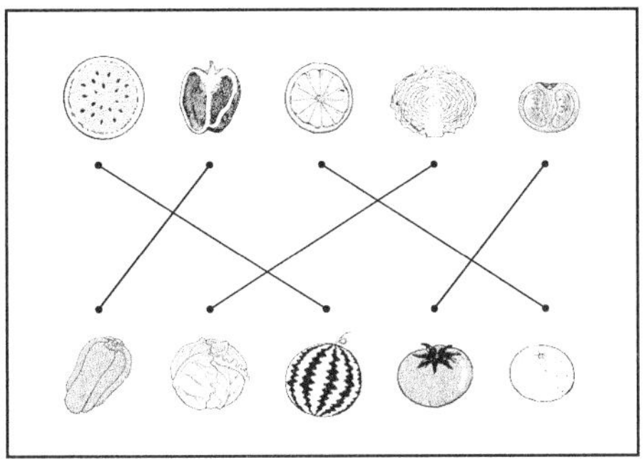

［2017年度出題］

学習のポイント

常識分野の学習は、日常生活を通じて実物に触れることが、お子さまの関心を高め、さらなる知識の獲得につながっていきます。本問の出題は野菜・果物の断面についてです。保護者が食事の用意をする時に、お子様に野菜・果物の断面を予想させてから実際に切る様子をいっしょに確認すると、知識として定着しやすいでしょう。遊びやお出かけも含め、お子さまの経験すべてが学習の材料となることを忘れずに、興味を高められる工夫をしていきましょう。
なお、当校の過去問題としては、さまざまな職業の人と、職場となる建物を線で結ぶという類似問題が出題されています。常識分野では虫の成長や、お話の順番など幅広いジャンルが出題されています。

【おすすめ問題集】
Ｊｒ・ウォッチャー27「理科」、55「理科②」

問題31　分野：数量

集中　観察

〈準備〉　クレヨン

〈問題〉　（問題31の絵を渡す）
絵の中にある魚、カブトムシ、馬の数をかぞえて、下にあるそれぞれの四角にその数だけ○を描いてください。

〈時間〉　1分30秒

〈解答〉　魚：○８個　　カブトムシ：○６個　　馬：○７個

［2017年度出題］

学習のポイント

数種類のイラストを目の前にしても、種類ごとに落ち着いてかぞえられることが大切です。こういった問題が苦手だったり、慣れていない場合は、おはじきなどの具体物を使用して学習していきましょう。同じ数のおはじきを使って、整列させたり、バラバラにさせたり、違う色のおはじきもいっしょに使ってみたりと、さまざまな配置をし、遊んでみてください。同じ数だけど、１つひとつのおはじきが離れているとかぞえにくかったりと、違う色が複数あれば、かぞえにくいなど例えば、数色のおはじきを机上に配置して色ごとに集める、絵本に出てくるイラストの数をかぞえさせる、外出時には特定の色の自動車をかぞえるなど苦手なところがわかってくるでしょう。数を数える練習はさまざまな方法があります。楽しくできるように工夫をして学習に取り組んでください。

【おすすめ問題集】
Ｊｒ・ウォッチャー37「選んで数える」

問題32　分野：図形（欠所補完）

集中　観察

〈準備〉　鉛筆

〈問題〉　この問題の絵は縦に使用してください。
（問題32の絵を渡す）
それぞれの段の左側にある絵をお手本にして、右側の絵に足りない線を鉛筆で書き足しましょう。

〈時間〉　１分30秒

〈解答〉　省略

［2017年度出題］

学習のポイント

一見すると簡単に見える問題ですが、注意することが２点あります。まずは時間です。１分30秒で４問ですから、１問あたり約20秒で終える必要があります。その時間内で、左と右の絵を見比べて、右側の絵の欠けている部分を見つけ出し、線を描いて完成させなくてはなりません。もう１つは運筆と位置関係です。時間を意識するあまり雑ではよくありませんし、位置関係の把握ができなければ描き始めることもできません。線を描くことですが、直線だけでなく、曲線もあり、斜め線があるなど、描く線は多岐にわたっています。そのようなことから、様々な線を早く、丁寧に、きちんと描くことが求められていることが分かるでしょう。

【おすすめ問題集】
Ｊｒ・ウォッチャー４「同図形探し」、51「運筆①」、52「運筆②」

問題33　分野：位置の移動

聞く　集中

〈準備〉　クレヨン

〈問題〉　（問題33の絵を渡す）
渡された絵の上を見てください。男の子と女の子がすごろくをしていますが、白いサイコロの時には出た目だけ矢印の方へ進み、黒いサイコロの時には出た目だけ、矢印とは逆の方へ進みます。サイコロを振り終わった時、男の子、女の子はそれぞれどこまで進むでしょうか。男の子が進んだマスに○、女の子が進んだマスに△を書いてください。

〈時間〉　１分30秒

〈解答〉　下図参照

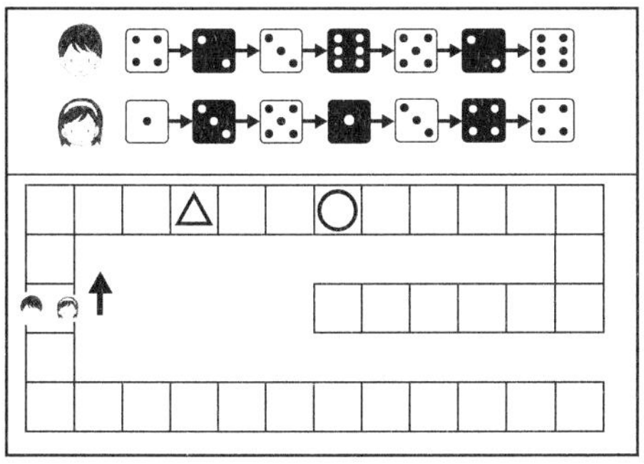

［2017年度出題］

学習のポイント

この問題で問われているのは、しっかりと指示を聞けているかどうかです。前に進むサイコロが白なのか黒なのか、男女のどちらかが進んだマスに書く記号は○なのか△なのか、など指示が複雑です。最初はわかっていても、問題を解いているうちに、混乱してしまうお子さまもいるでしょう。解答時間をめいっぱい使って、慎重に取り組んでいきたいです。かぞえることに注目してみると、最大でも６です。当校の問題としては、それほど難しいものではありません。そういったことを踏まえていくと、確実に正答したい問題の１つでしょう。

【おすすめ問題集】
Ｊｒ・ウォッチャー47「座標の移動」

問題34　分野：系列

観察　集中

〈準 備〉　クレヨン

〈問 題〉　決められた約束に従って、記号が並んでいます。矢印のほうから進んでいく時、空いているマスには何が入るでしょうか。空いているマスそれぞれに正しい記号を書いてください。

〈時 間〉　2分

〈解 答〉　下図参照

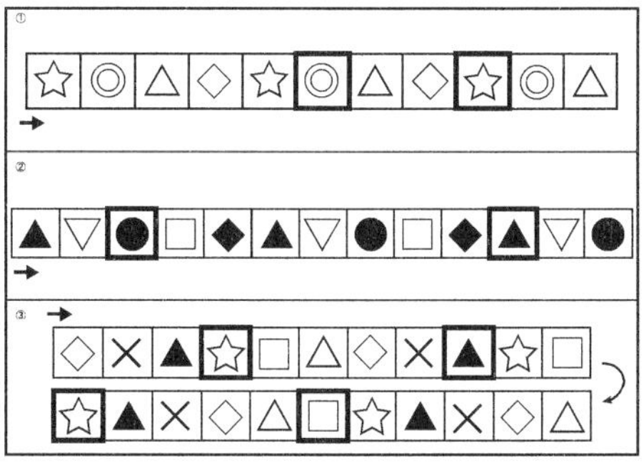

［2017年度出題］

学習のポイント

系列の問題は、お約束の法則性を見つけられると、正解にぐっと近づきます。なかなか習得が進まない場合には、「△○□」というような3つで1巡する簡単なパターンについて尋ねる問題を繰り返しやってみましょう。そうすると、「お約束を見つける」ということの意味が感覚的につかめるようになります。その後、お約束の個数を増やしていき、問題を基礎から応用へと力を付けていくとよいでしょう。「慣れる」ことで正答率が上がる分野です。日々の学習でだんだんと力をつけていきましょう。系列問題は必ずしも左から右へとは限りません。時には右から左へ、上から下へ、下から上へと、考える方向はさまざまです。そのような場合でも対応できるようにさまざまな問題に慣れておきましょう。

【おすすめ問題集】
Ｊｒ・ウォッチャー６「系列」

問題35　分野：積み木

観察　考え

〈準 備〉　クレヨン

〈問 題〉　（問題35-１をはじめに渡し、15秒後に35-２の絵を渡す）
はじめに配った絵にある積み木を上から見た場合には、どのように見えるでしょうか。あとから配った絵から選んで○をつけてください。

〈時 間〉　１分

〈解 答〉　下段中央

［2017年度出題］

学習のポイント

問題２（2020年度出題）や23（2018年度出題）でも、積み木の見え方に関する出題があります。当校の出題を見ていると、積み木を使用した問題が頻出となっています。そのため少し難しい問題でも確実に解くことが求められています。積み木というと、位置関係の把握がポイントとしてあげられますが、この問題を解く際に、横奥にそれぞれ何列の積み木が並べられているかに着眼できたでしょうか。今回は横５列、奥行き４列となっています。そこに着目するだけで選択肢を減らすことができます。こうした少し違う着眼点を知ることだけでもかなり違ってきます。とはいうものの、正しい位置関係の把握をすることは絶対に必要です。実物を活用しながらしっかりと力をつけていきましょう。

【おすすめ問題集】

Ｊｒ・ウォッチャー10「四方からの観察」、16「積み木」

問題36　分野：積み木

観察　考え

〈準備〉　クレヨン

〈問題〉　（問題36の絵を渡す）
それぞれの段の左にある形から、積み木を１つだけ動かすとできるものが、右側の絵に１つずつあります。その絵に○をつけてください。

〈時間〉　２分

〈解答〉　①左から２番目　②右端　③右端

［2017年度出題］

学習のポイント

前問の「上から見た問題」、あるいは「四方からの観察問題」といった積み木の頻出問題とは違っているため、やや難しく感じてしまうかもしれません。しかし、具体物を使用すると、だんだんとイメージすることができるようになります。本問は、複数並んである積み木から１つだけ動かすと、どうなるのか、お子さまに具体物を見せれば理解もしやすいでしょう。この問題の選択肢は「正解」「積み木の数が見本と違うもの」「積み木の積み方が違うもの」の３種で並べられています。実物を並べてそれらを理解させた上で、時間内に正解にたどりつけるように「実物を使った練習」をしてください。これができるようになってから、ペーパー問題の練習をし、試験に向けた学習をするとよいでしょう。

【おすすめ問題集】

Ｊｒ・ウォッチャー16「積み木」

問題37　分野：運動（サーキット）

聞く

〈準備〉　コーン（折り返し地点となる目印であれば可）、平均台、ビニールテープ、ハードルのようなくぐれるもの３つ、棒状の細長いもの３本
※ビニールテープではしご状のマス目をつくっておく。

〈問題〉　**この問題は絵を参考にしてください。**
①スタートからコーンまで走って、コーンを回りましょう。
②平均台を渡っていき、端までいったらジャンプで降りましょう。
③マス目があります。前・前・後の順に両足ジャンプをしてください。
④かかっている３本の棒の下をくぐります。
⑤箱の中に棒が３本あるので、全部思いきり投げてください。
⑥ゴールまで来たら、気をつけの姿勢で待っていてください。

〈時間〉　適宜

〈解答〉　省略

［2017年度出題］

学習のポイント

準備体操に続けて運動テストが行われます。それぞれの課題はそれほど難しいものではありません。しかし、集中できなかったり、指示どおりに動かなければ評価を下げてしまうため、また、待ち時間の様子も評価の対象になっているのを忘れないようにしましょう。当校の教育方針の１つに、「身体を動かすことの楽しさを知り、明るく健康的な生活を営む態度を身に付けることが体育の目標」と定めています。これを踏まえれば、年齢なりのはつらつとした動きも求められるでしょう。そうした行動をするためには、指示やルールを守ることと両立させる必要があります。日頃の遊びや運動から楽しさと厳しさのメリハリをつけながら指導するのが重要です。

【おすすめ問題集】
運動テスト問題集、Ｊｒ・ウォッチャー28「運動」

問題38　分野：制作・行動観察・口頭試問

創造　話す

〈準備〉　スティックのり、ハサミ、セロハンテープ、画用紙、折り紙（３色程度）、ストロー、ラップの芯（固くて長い筒状のものであれば代用可）、輪ゴム２つ、木片、かご
※輪ゴム２つを結び、片側を木片に固定しておく（「発射台」として使用）

〈問題〉　**この問題の絵はありません。**
（準備した道具と材料をテーブルの上に並べる）
①テーブルの上に並んでいる材料を使って、輪ゴムのついた発射台から飛んでいくものを作ってください。
②（①を作っている途中で質問する）何を作っていますか。その尾翼はどうしてつけるのですか。どのように飛んでいきますか。
（上記制作が終わったら）
③これからみんなでかごに向けて作ったものを飛ばしてみましょう。人に向けて飛ばさないようにしてください。

〈時間〉　適宜

〈解答〉　省略

［2017年度出題］

学習のポイント

課題は「飛んでいくもの作り」です。ロケットでも飛行機でも、まずは何を作るのか明確にしましょう。また、輪ゴムと木片でできた発射台のように、お子さまによっては初めて見る材料が用意されている可能性もあります。その場合でも、どのように使えば作品が作ることができるかをピンとくる発想をできるだけ、日頃から培っておく必要があるでしょう。「切る・貼る・塗る」といった基本的な動作は教えられますが、何をどう作るかはお子さま自身が考えることです。制作課題の途中には、先生による②のような質問もあります。そのためにも「自分がなぜこれを作ったのか」を説明できることは大切です。行動観察では、ほかのお子さまとの積極的なコミュニケーションが評価につながります。

【おすすめ問題集】

実践 ゆびさきトレーニング①②③、
Ｊｒ・ウォッチャー23「切る・貼る・塗る」、29「行動観察」

問題39　分野：図形の構成

集中　観察　考え

〈準　備〉　クレヨン

〈問　題〉　**この問題の絵は縦に使用してください。**
（問題39の絵を渡す）左の棒を組み合わせてできる形を、右から探して○をつけましょう。

〈時　間〉　各１分

〈解　答〉　①右　②真ん中　③左　④左

［2016年度出題］

学習のポイント

左にある材料で、作れる図形を見つける問題です。初めの段階で答えが理解できない場合は、実際に同じような長さの棒や紐を用意して、図形を組んでみるとよいでしょう。この問題の場合、図形を構成する棒の長さがヒントになっています。そして長さに注目したら、それぞれ違う長さの棒が何本使われているのか、ということを比較してください。図形の問題は、実際の試験では実物を使って考えることはできません。問題を解くには、頭の中で図形を回転・分解・構成する必要があります。図形や立体を扱った問題を繰り返し練習して、頭の中で図形を描けるようにしていきましょう。

【おすすめ問題集】

Ｊｒ・ウォッチャー１「点・線図形」、58「比較②」

問題40　分野：お話の記憶

集中　聞く

〈準備〉　クレヨン

〈問題〉　これからお話をしますので、よく聞いてください。
あやこさんは、お父さんとお姉さんと一緒に、バスでスキーに行きました。あやこさんはお父さんと、テストで満点をとったら冬休みにスキーに連れて行ってもらう約束をしたからです。「あやこが本当に満点をとるなんてなあ」バスの中で、お父さんが言いました。ごきげんなあやこさんは、お気に入りの毛糸の帽子をかぶって、セーターを着てスカートをはいていました。あやこさんのお姉さんは、しましまのセーターを着てマフラーをしていました。お父さんは黒いコートを着ていました。
スキー場に着いたら、あやこさんはソリに乗って遊びたいと思っていました。しかし、スキー場ではそり遊びはしてはいけない決まりになっていました。そこであやこさんは、おとうさんと一緒に雪だるまを作りました。その横を、お姉さんがスキーで滑って行きました。お昼になったので、あやこさんたちはカレーを食べました。辛いカレーのお陰で、寒いスキー場でも体がぽかぽかに温まりました。

（問題40の絵を渡す）
①どの子があやこさんですか。正しい絵に○をつけてください。
②あやこさんはどうやってスキー場に行きましたか。絵に○をつけてください。
③あやこさんがやったことに○、やりたかったことに△をつけてください。
④お話と同じ季節のものを絵の中から選んで、○をつけてください。

〈時間〉　各15秒

〈解答〉　①左から２番目　②右端　③○…右端　△…右から２番目　④左端

［2016年度出題］

学習のポイント

お話の記憶の問題では、お話に出てきた要素全てが解答になるとは限りません。ただだからといって、問題になりそうな箇所だけを集中して覚えてしまうと、覚えた部分が問題で使われないこともあるので、注意してください。お話の流れ全体をつかんで、頭の中で１つのストーリーが流れるように覚えましょう。また、季節のいきもの、行事などが問われる問題は小学校受験において頻出です。特にこの問題のように、同じ季節のものを選ぶという問題は多くの学校で出題されるので、慣れておくとよいでしょう。

【おすすめ問題集】
１話５分の読み聞かせお話集①②　入試実践編①
お話の記憶 初級編・中級編・上級編
Ｊｒ・ウォッチャー19「お話の記憶」、34「季節」

慶應義塾横浜初等部　専用注文書

年　　月　　日

試験の特徴をおさえて、効果的な学習ステップをふみましょう。

＊当校の３つのポイント＊

1 ペーパーテストのための基礎学力定着

１次試験のペーパーテストは、常識、図形、推理などの分野から出題です。各分野の基礎学力だけでなく答えるスピードにも注意してください。

2 指示をよく聞く

１次・２次試験とも指示をよく聞き、積極的に課題に取り組みましょう。ほかの志願者への配慮やマナーも忘れずに。

3 表現力を磨く

２次試験の制作の課題中にテスターからの質問があります。時間内に制作することも大切ですが、受け答えがおろそかにならないように注意してください。

必ずおさえたい分野の問題集

書　名	価格（税抜）	注文
Ｊｒ・ウォッチャー７「迷路」	1,500	冊
Ｊｒ・ウォッチャー10「四方からの観察」	1,500	冊
Ｊｒ・ウォッチャー27「理科」	1,500	冊
Ｊｒ・ウォッチャー30「生活習慣」	1,500	冊
Ｊｒ・ウォッチャー53「四方からの観察　積み木編」	1,500	冊
Ｊｒ・ウォッチャー55「理科②」	1,500	冊
実践ゆびさきトレーニング①	2,500	冊
１話５分の読み聞かせお話集①	1,800	冊
新 個別テスト・口頭試問問題集	2,500	冊
新 運動テスト問題集	2,200	冊

その他おすすめ問題集

書　名	価格（税抜）	注文
Ｊｒ・ウォッチャー22「想像画」	1,500	冊
Ｊｒ・ウォッチャー23「切る・貼る・塗る」	1,500	冊
Ｊｒ・ウォッチャー24「絵画」	1,500	冊
実践ゆびさきトレーニング②	2,500	冊
実践ゆびさきトレーニング③	2,500	冊
小学校受験で知っておくべき125のこと	2,600	冊
新 小学校受験の入試面接Ｑ＆Ａ	2,600	冊
新 願書・アンケート文例集500	2,600	冊
保護者の悩みＱ＆Ａ	2,600	冊
願書の書き方から面接まで	2,500	冊
合　計		冊

（フリガナ） 氏　名	電　話 ＦＡＸ E-mail
住　所　〒　　　－	以前にご注文されたことはございますか。 有　・　無

★お近くの書店、または記載の電話・FAX・ホームページにてご注文をお受けしております。
電話：03-5261-8951　FAX：03-5261-8953　代金は書籍合計金額＋送料がかかります。
※なお、落丁・乱丁以外の理由による商品の返品・交換には応じかねます。

★ご記入頂いた個人に関する情報は、当社にて厳重に管理致します。なお、ご購入の商品発送の他に、当社発行の書籍案内、書籍に関する調査に使用させて頂く場合がございますので、予めご了承ください。

日本学習図書株式会社
http://www.nichigaku.jp

問題 1

2021年度 慶應義塾横浜初等部 過去 無断複製／転載を禁ずる 日本学習図書株式会社

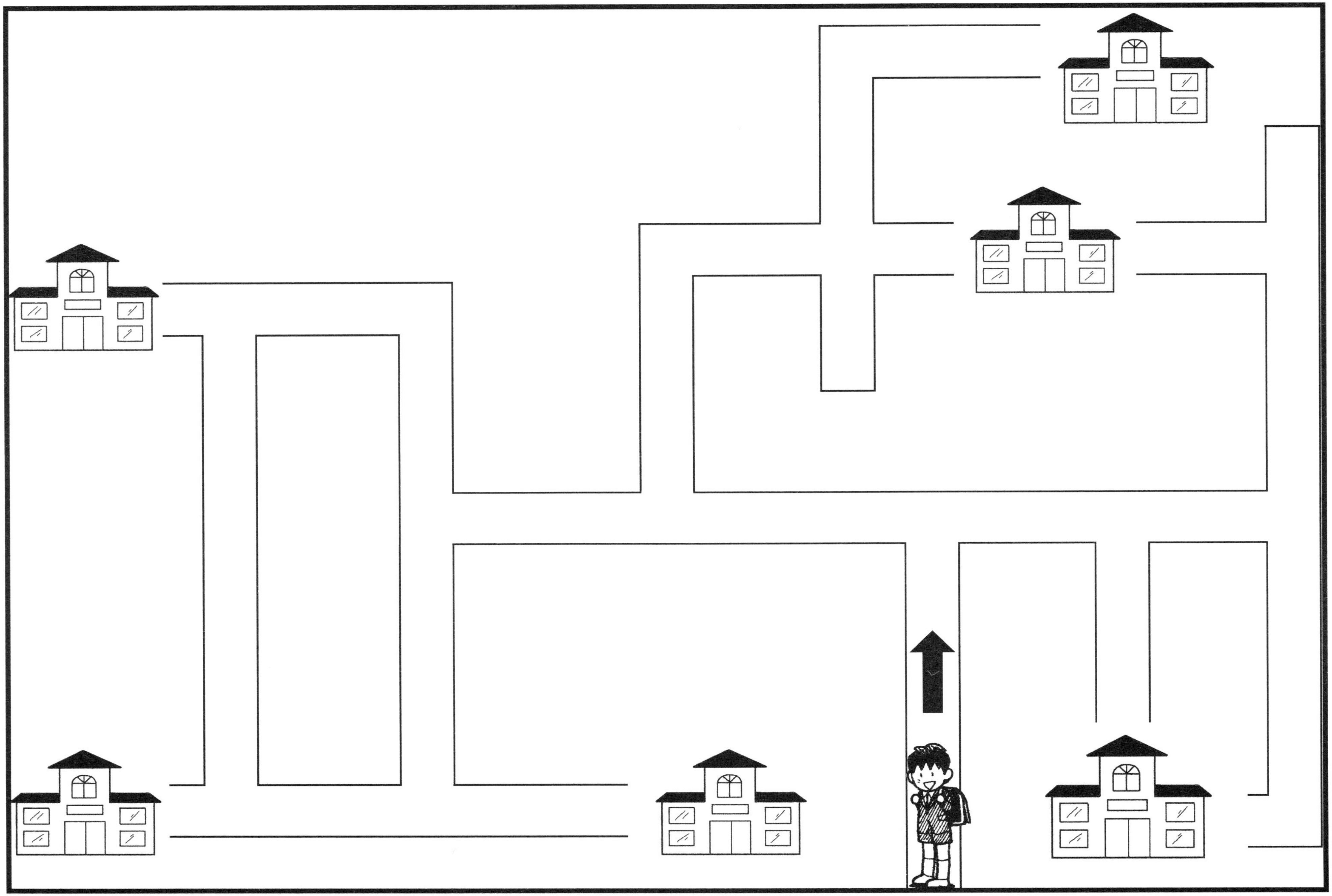

問題2

2021年度　慶應義塾横浜初等部　過去　無断複製／転載を禁ずる

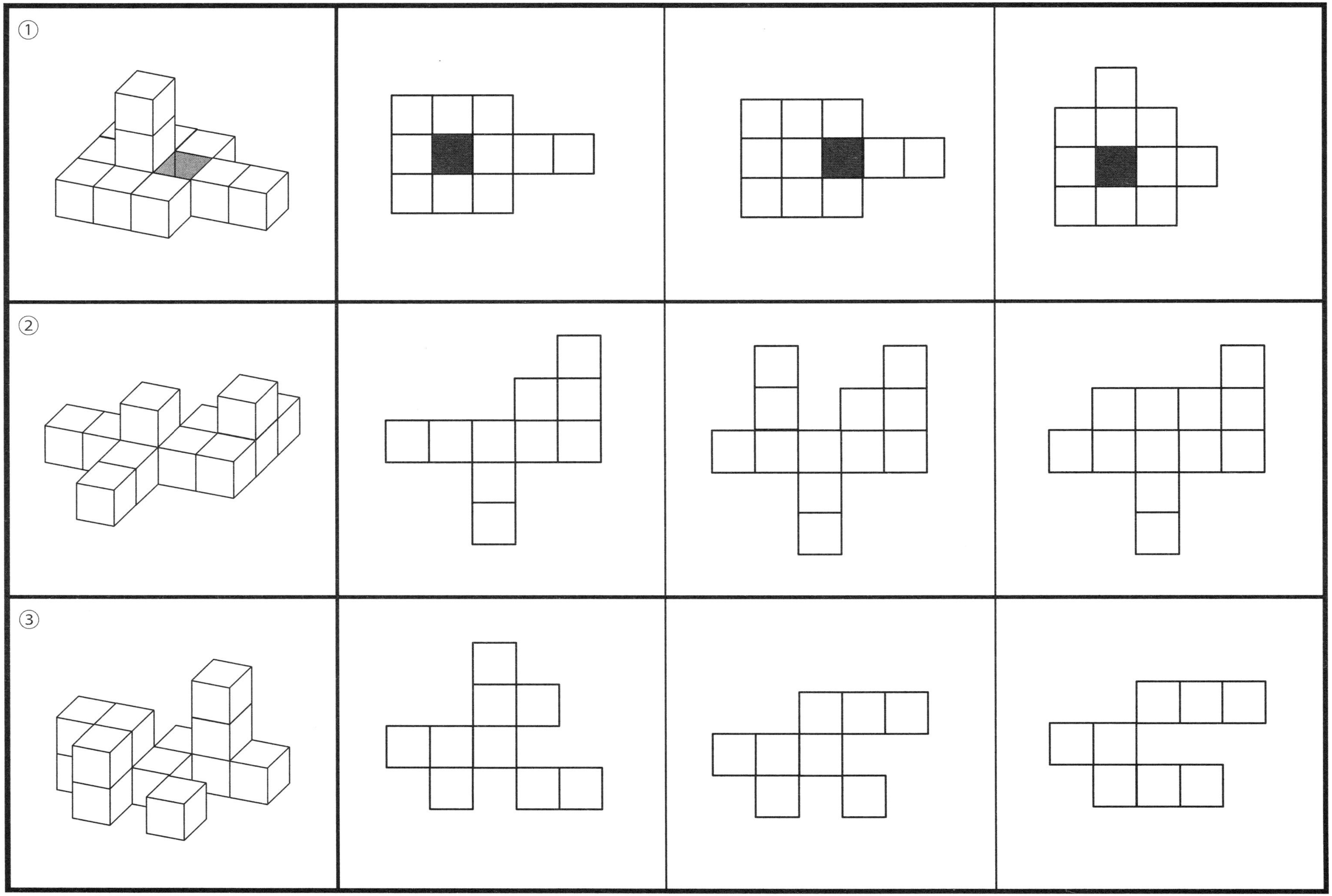

問題3

①

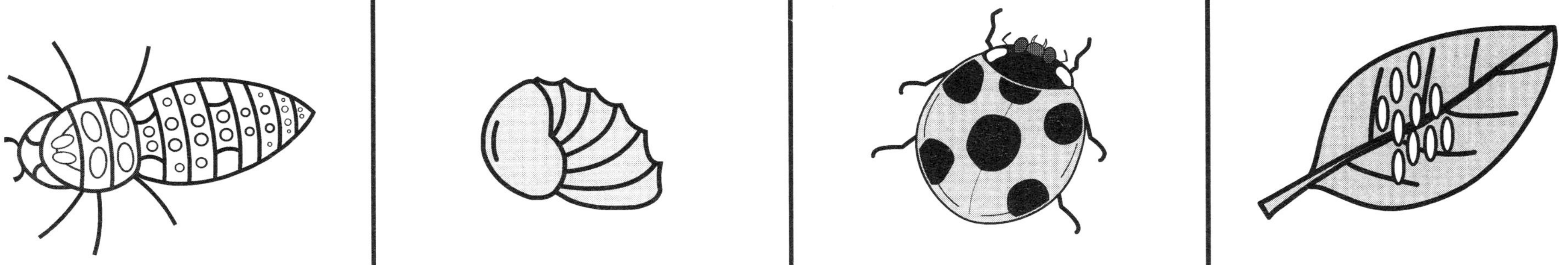

②

③

日本学習図書株式会社

問題 4

2021年度 慶應義塾横浜初等部 過去 無断複製／転載を禁ずる 日本学習図書株式会社

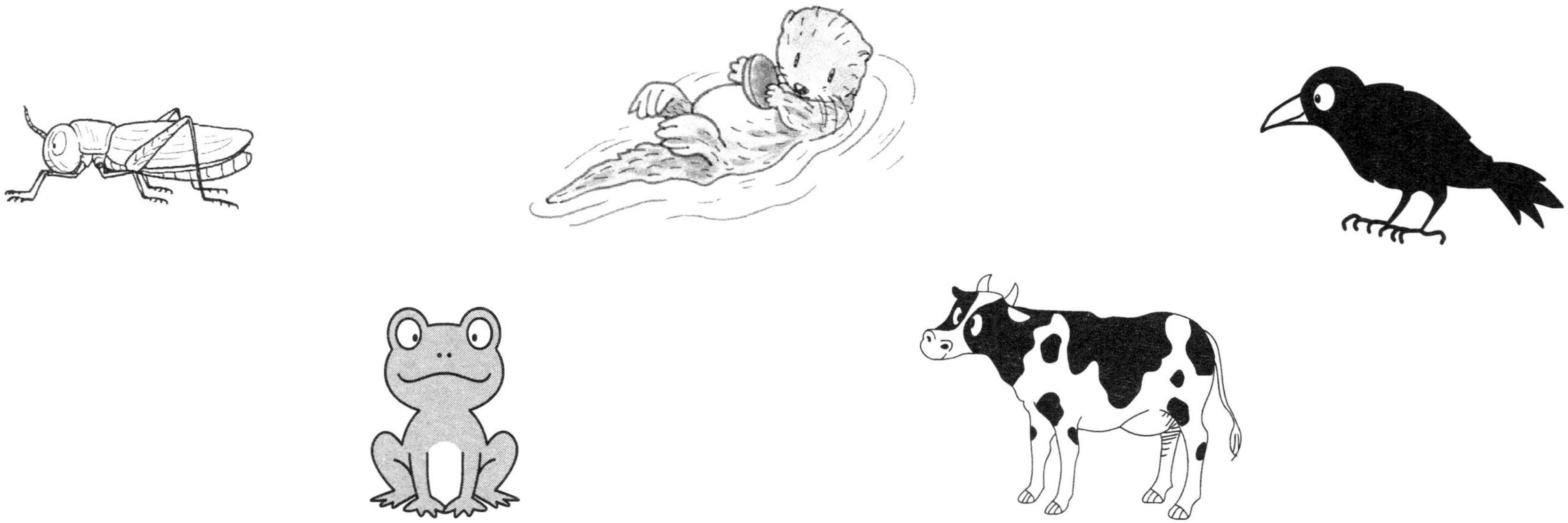

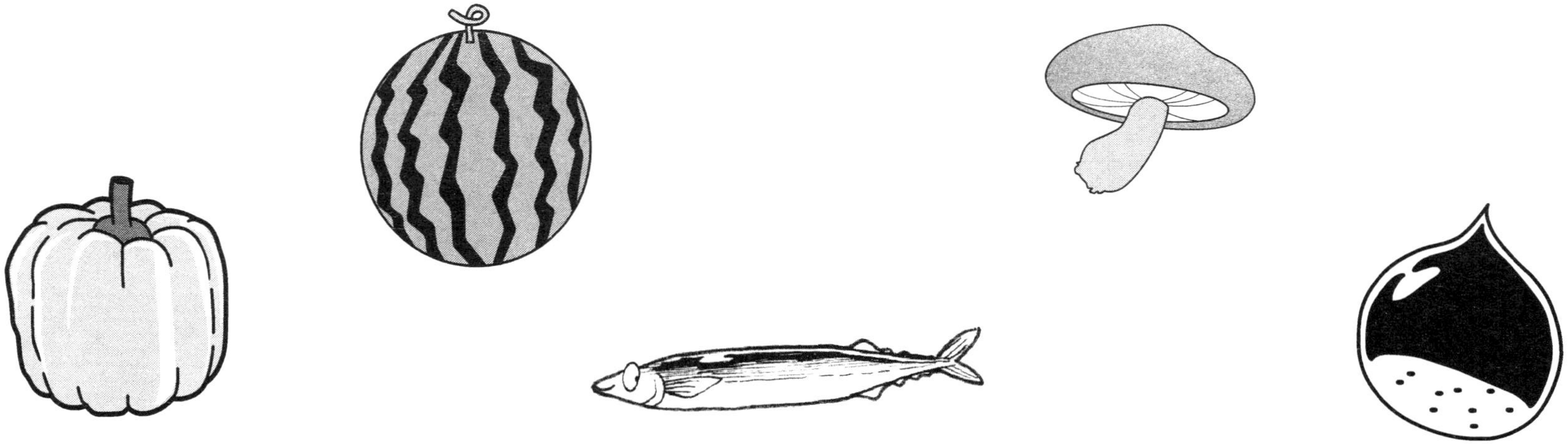

問題6

2021 年度 慶應義塾横浜初等部 過去 無断複製／転載を禁ずる

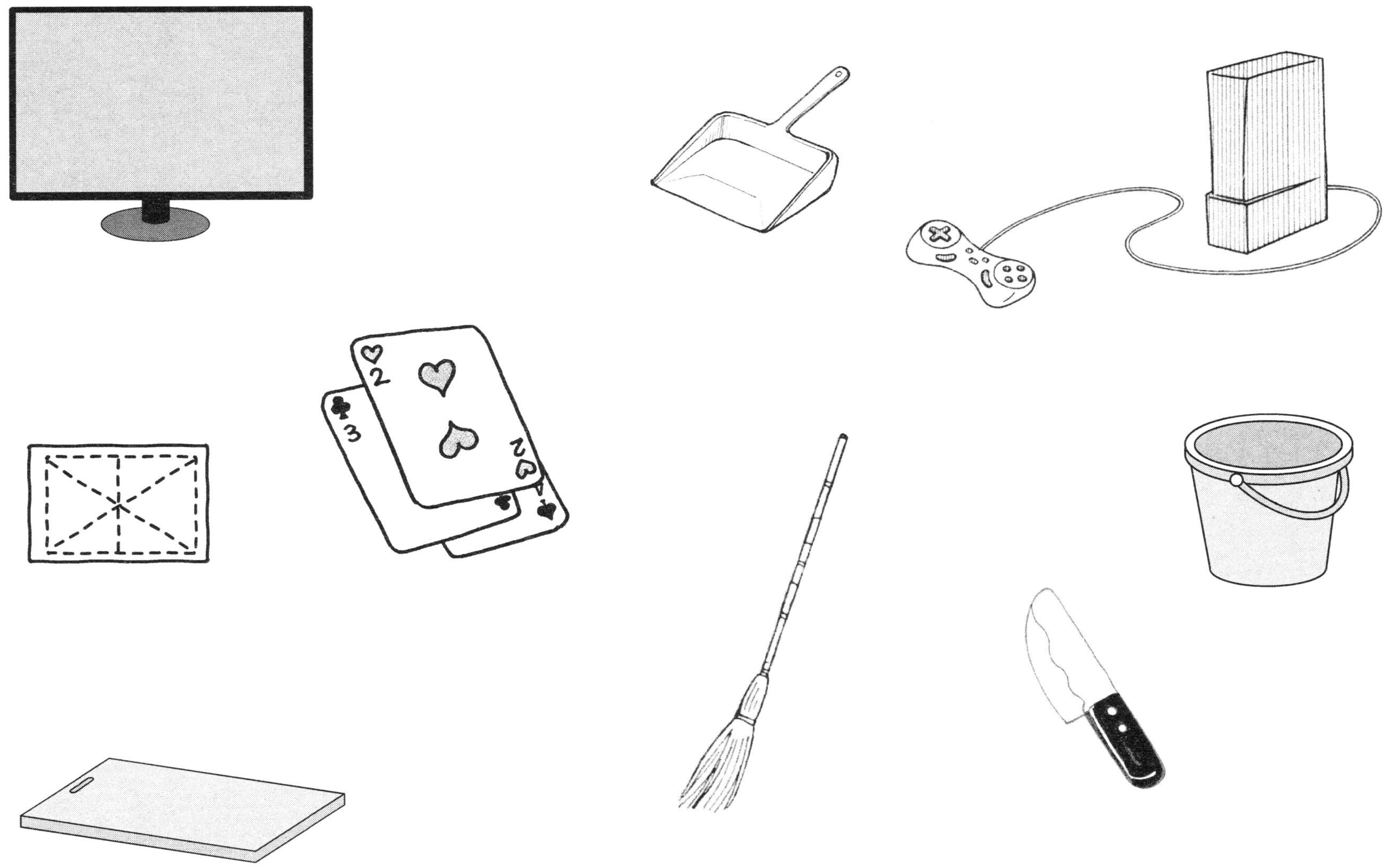

問題10

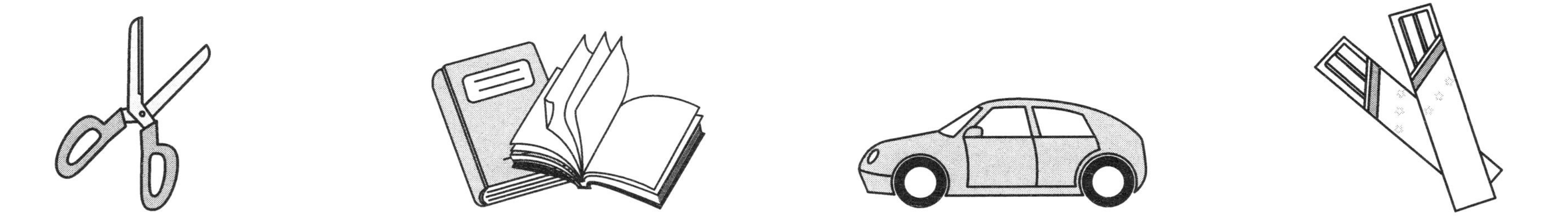

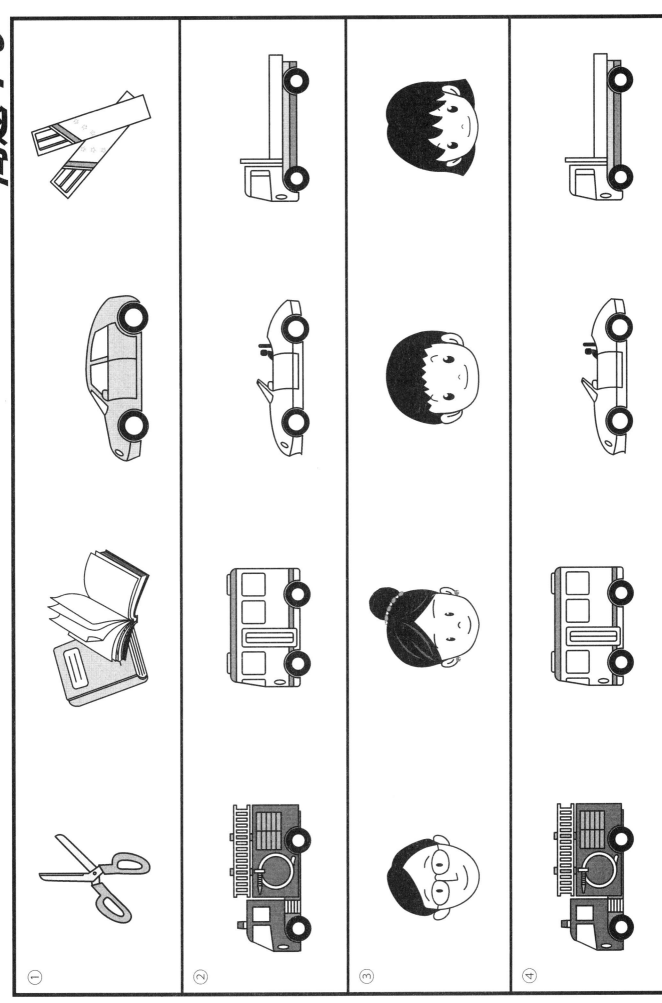

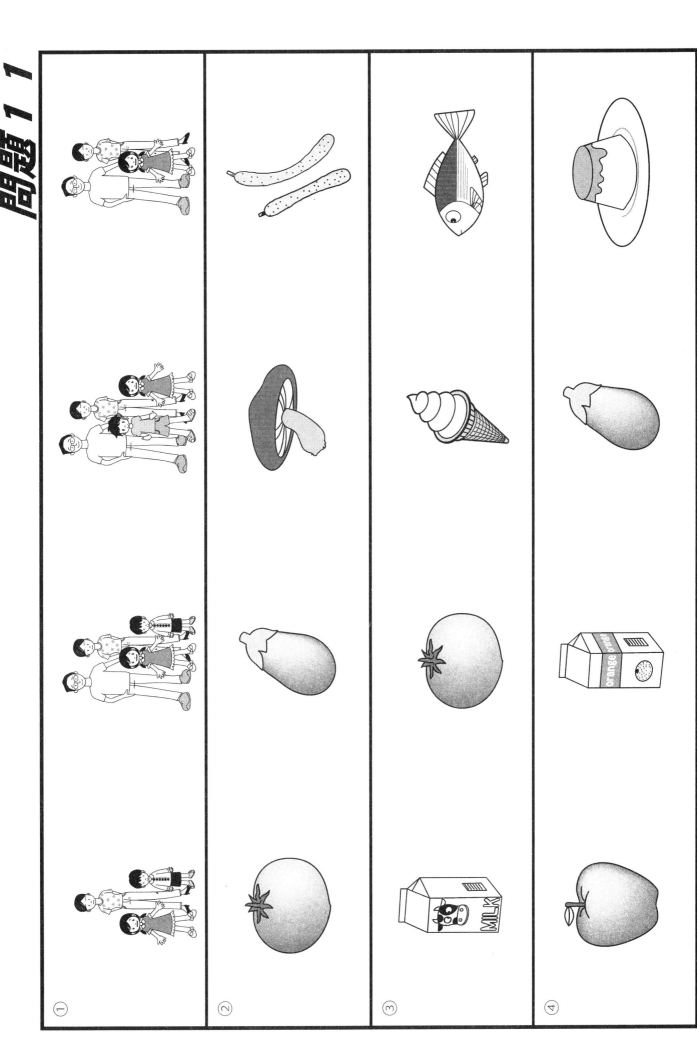

問題１１

①

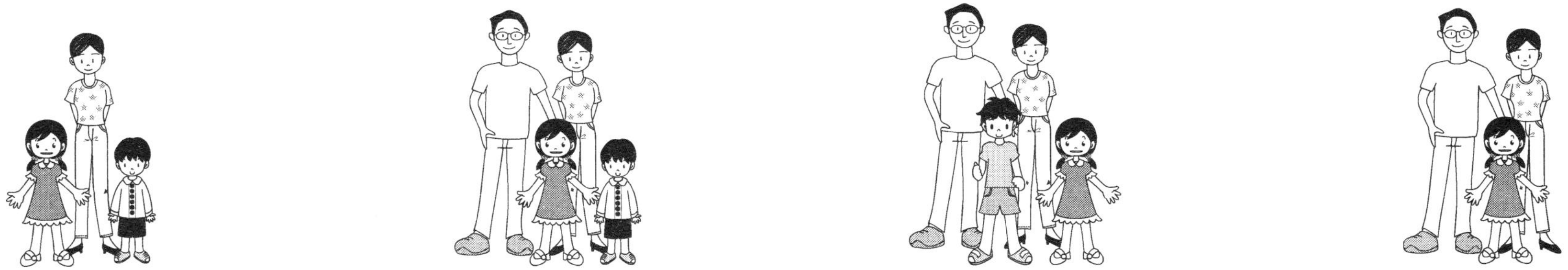

②

③

④

問題12

① ② ③ ④ ⑤ ⑥

日本学習図書株式会社

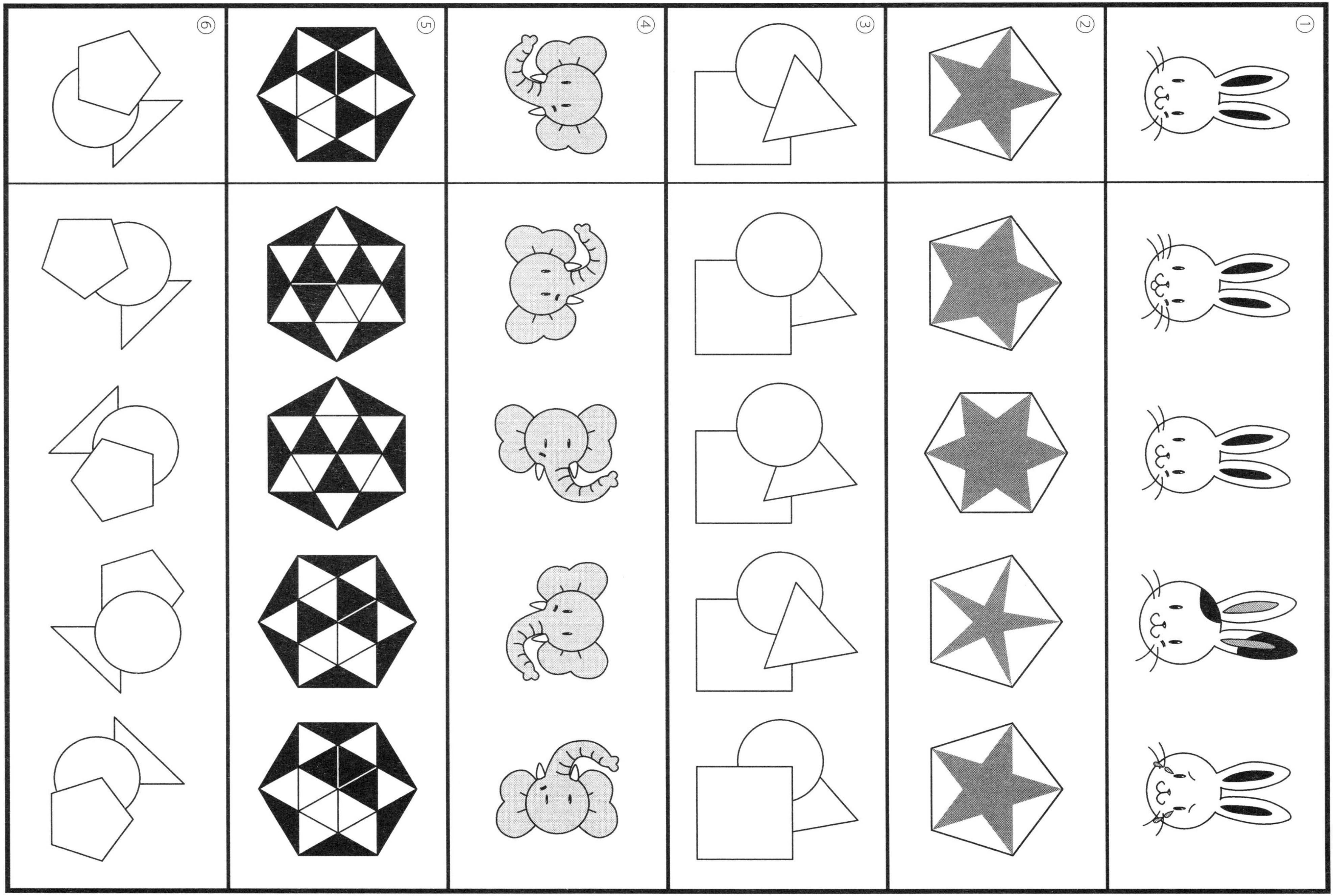

問題１３

問題１４－１

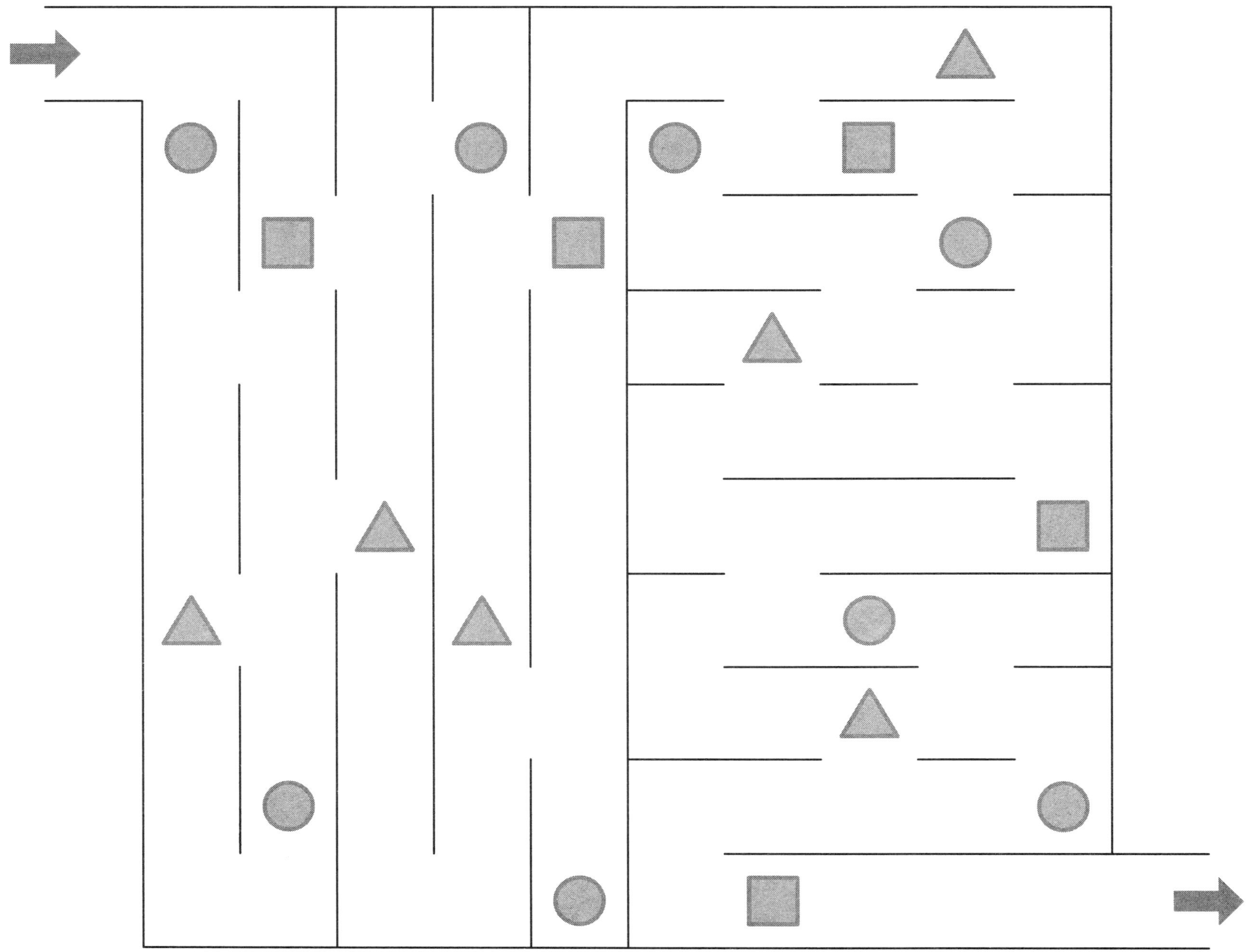

問題１４－２

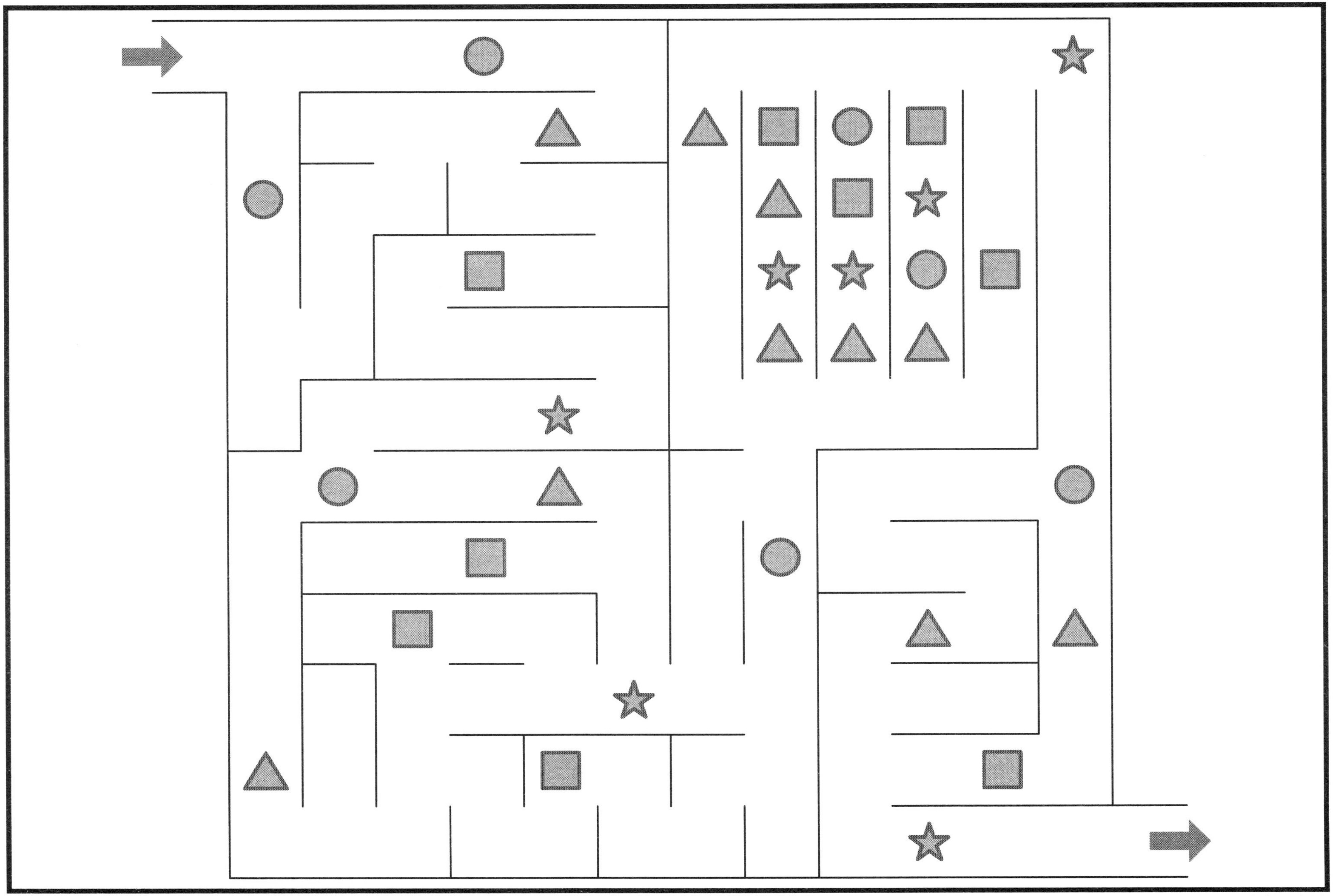

2021 年度 慶應義塾横浜初等部 過去 無断複製／転載を禁ずる　　　日本学習図書株式会社

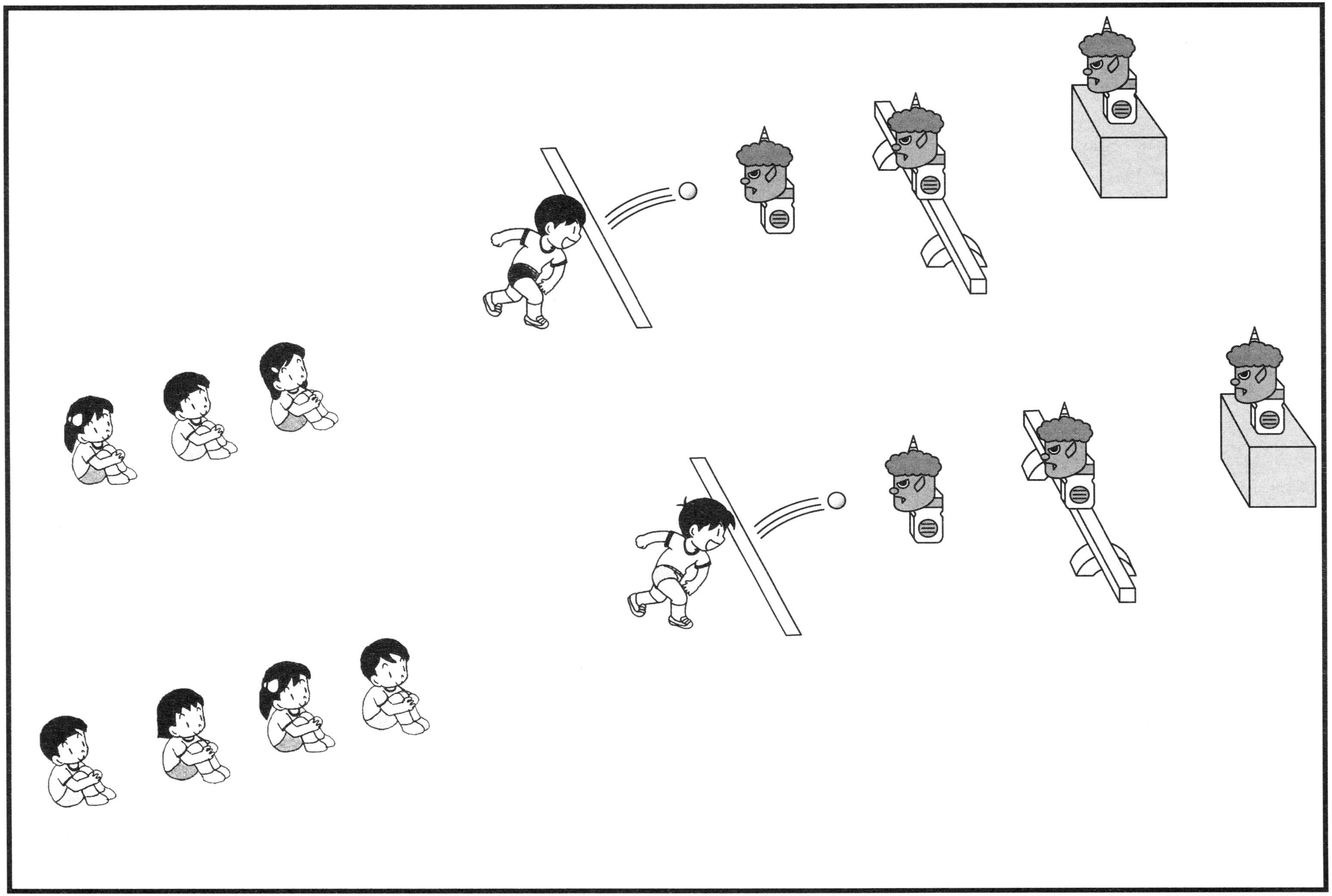

問題１９

①

②

③

④

日本学習図書株式会社

問題２０

①

②

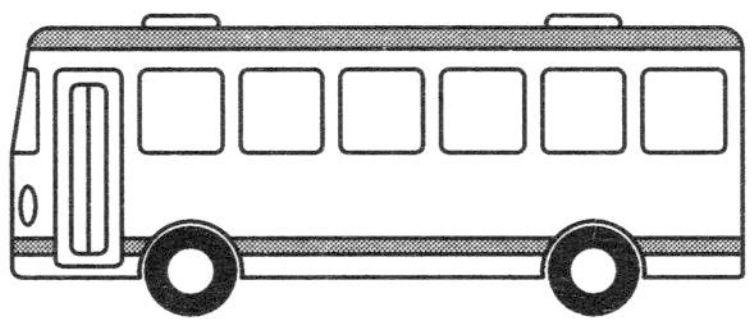

③

④

問題２１－１

問題２１－２

問題22－1

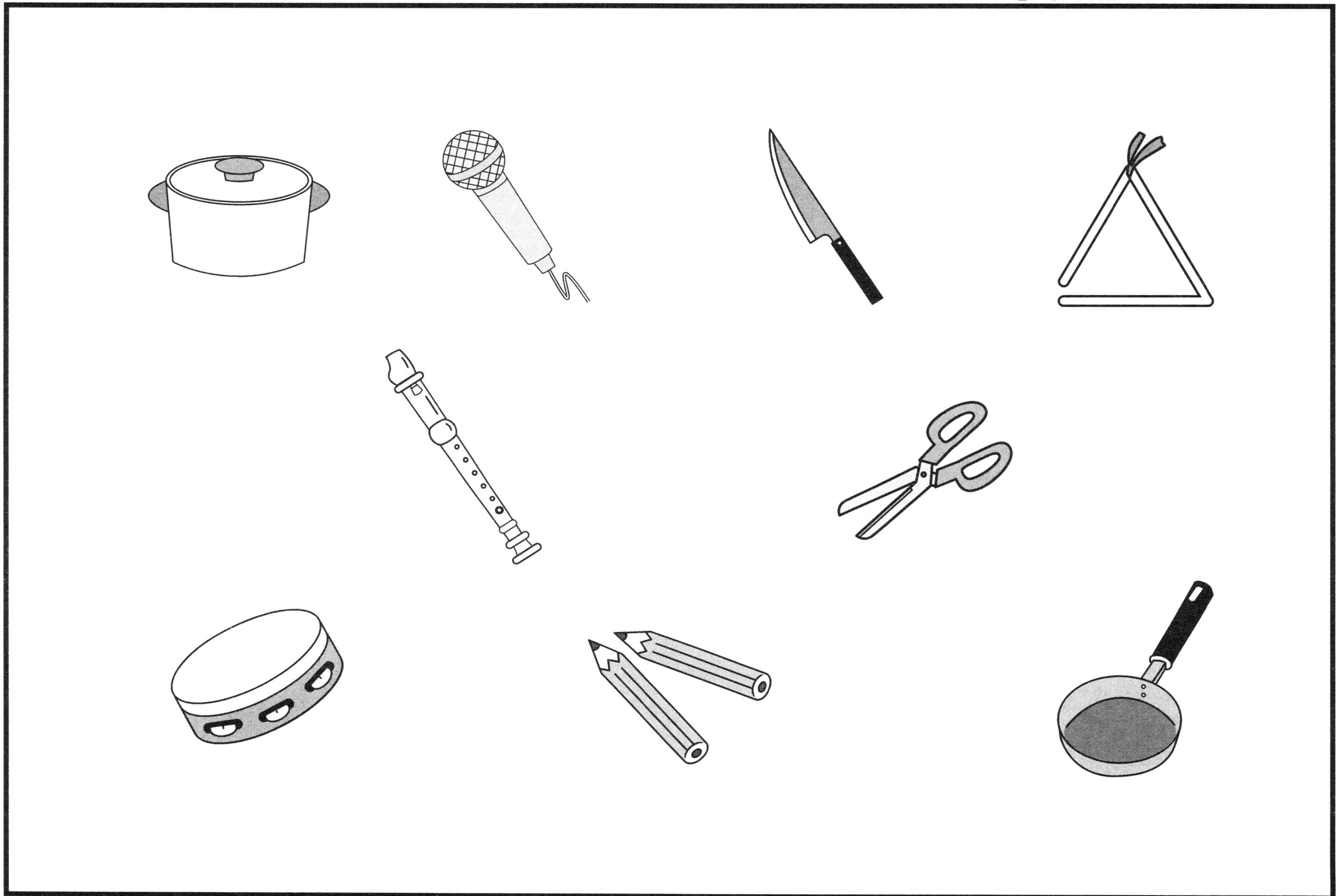

問題２２－２

問題２３－１

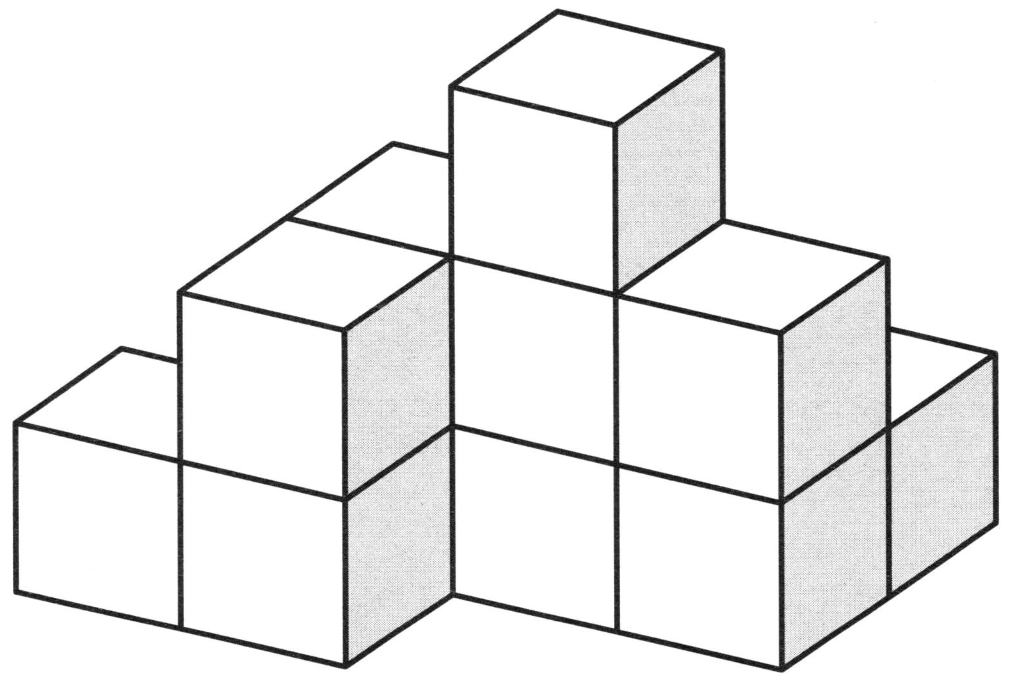

2021 年度　慶應義塾横浜初等部　過去　無断複製／転載を禁ずる　　日本学習図書株式会社

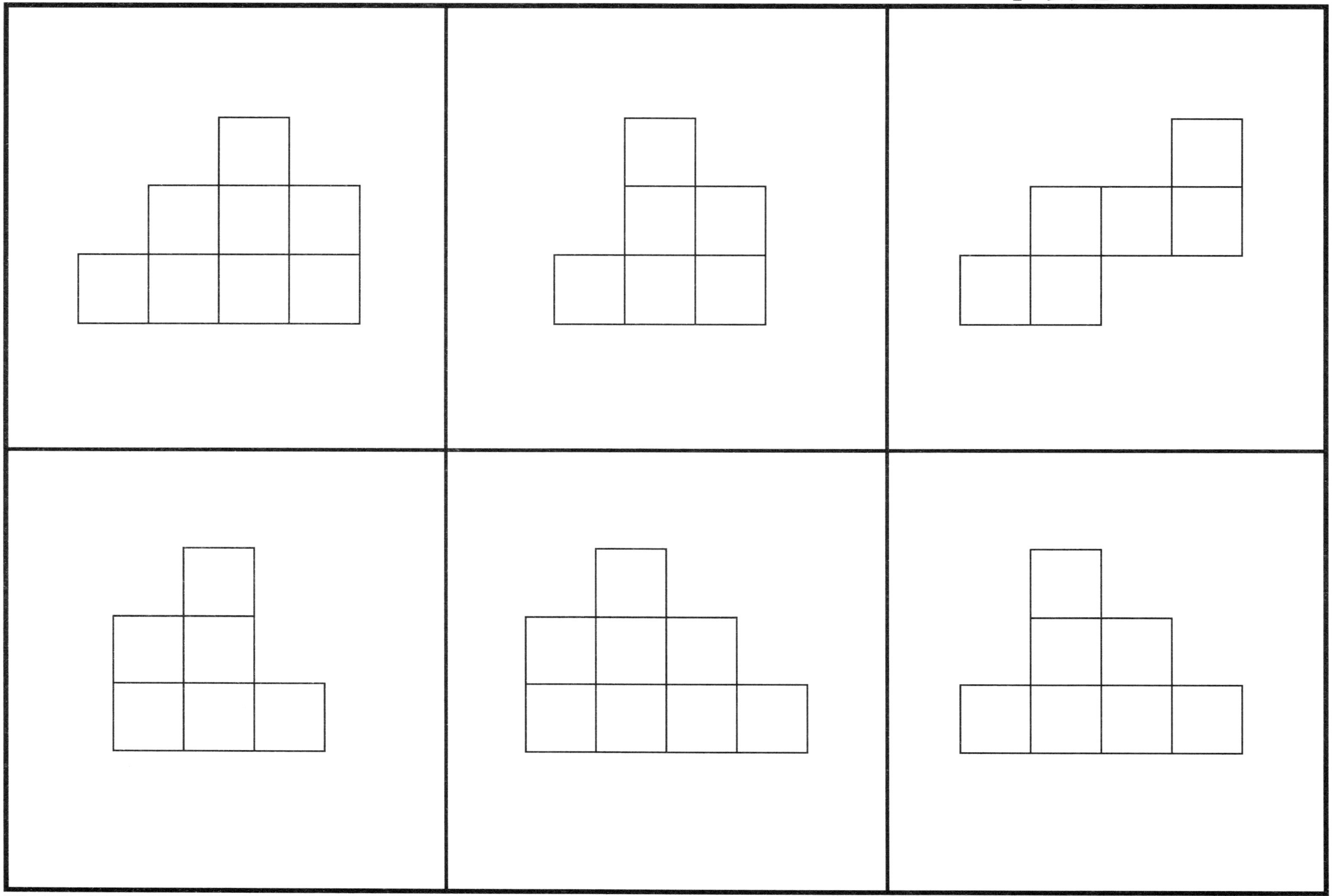

2021年度 慶應義塾横浜初等部 過去 無断複製／転載を禁ずる　日本学習図書株式会社

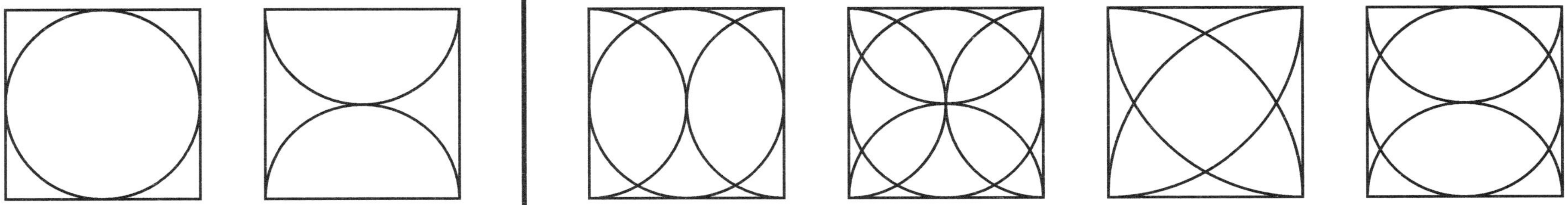

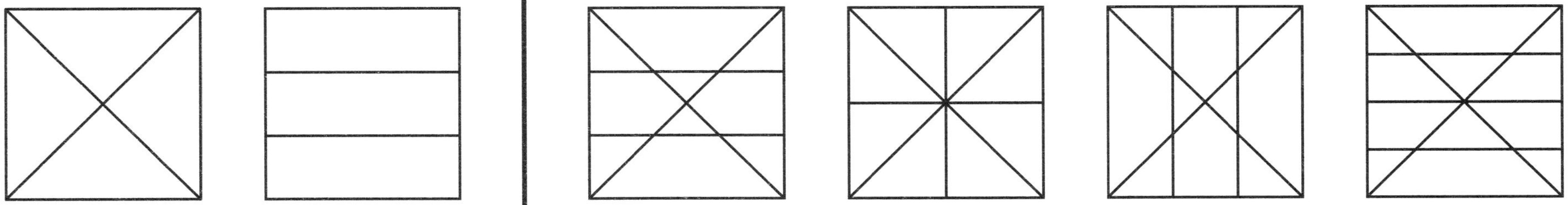

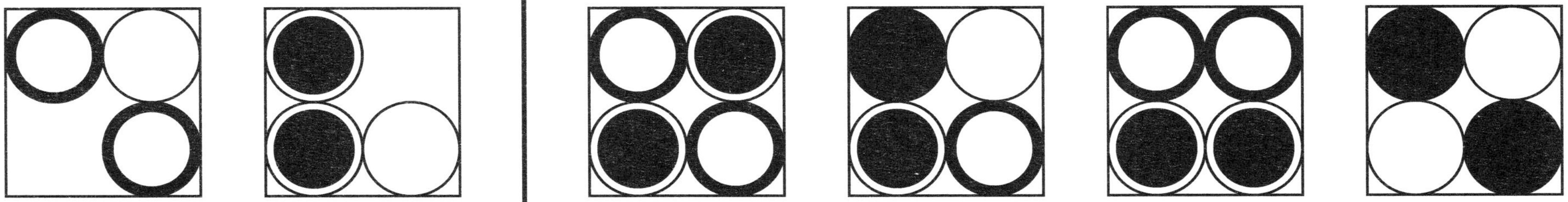

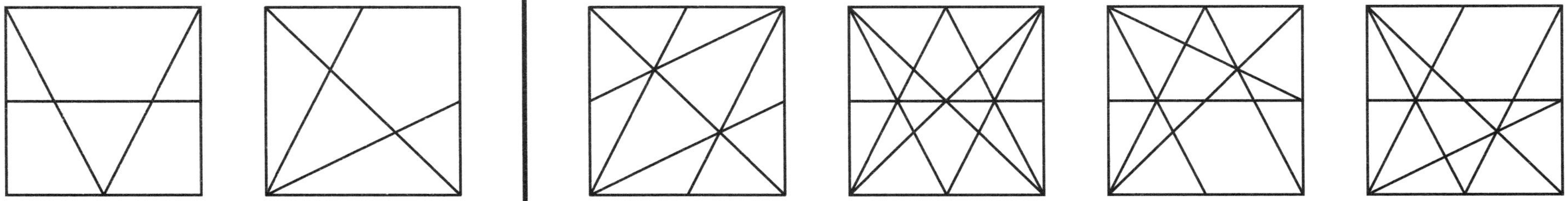

2021 年度　慶應義塾横浜初等部　過去　無断複製／転載を禁ずる　日本学習図書株式会社

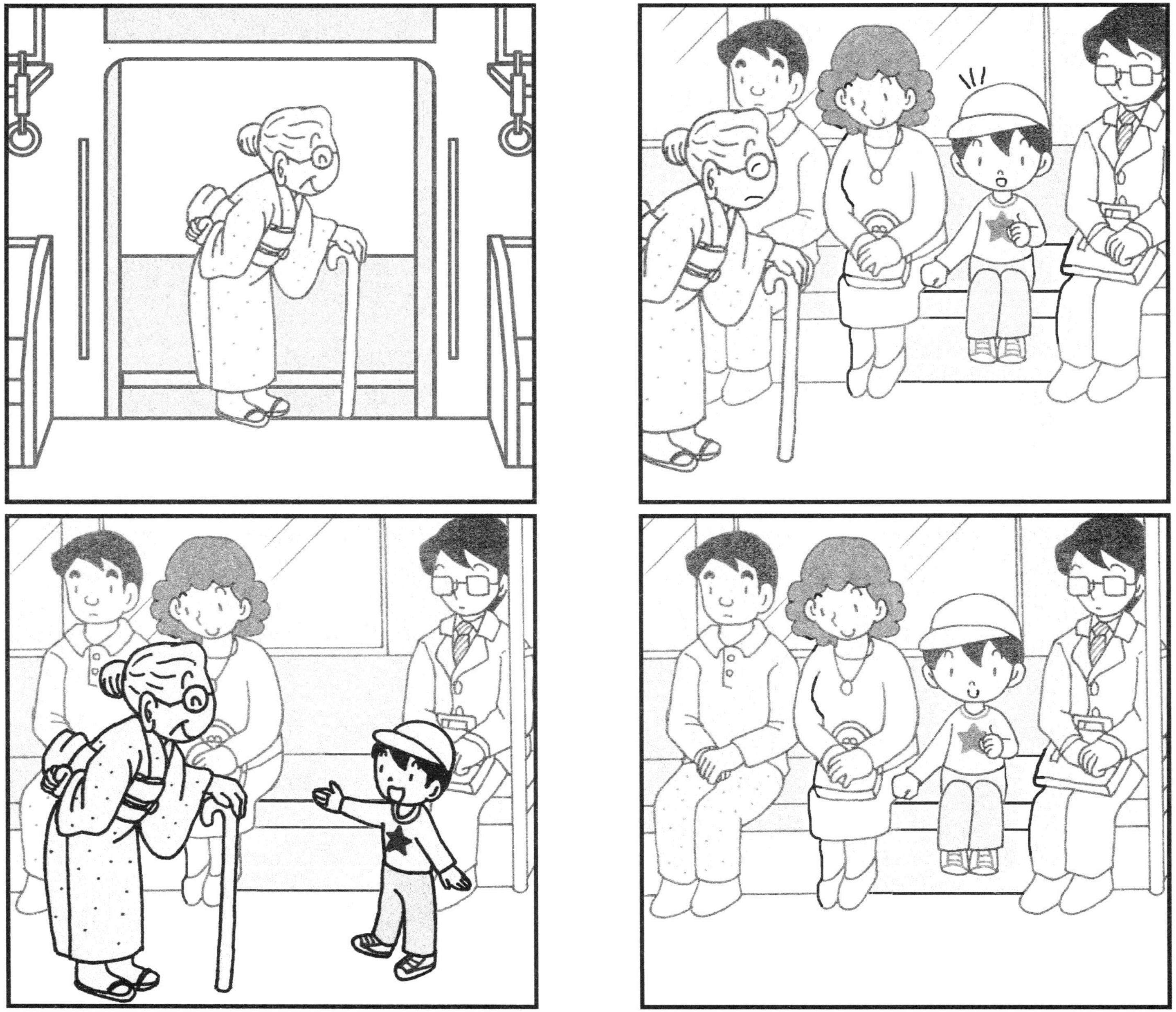

問題２６

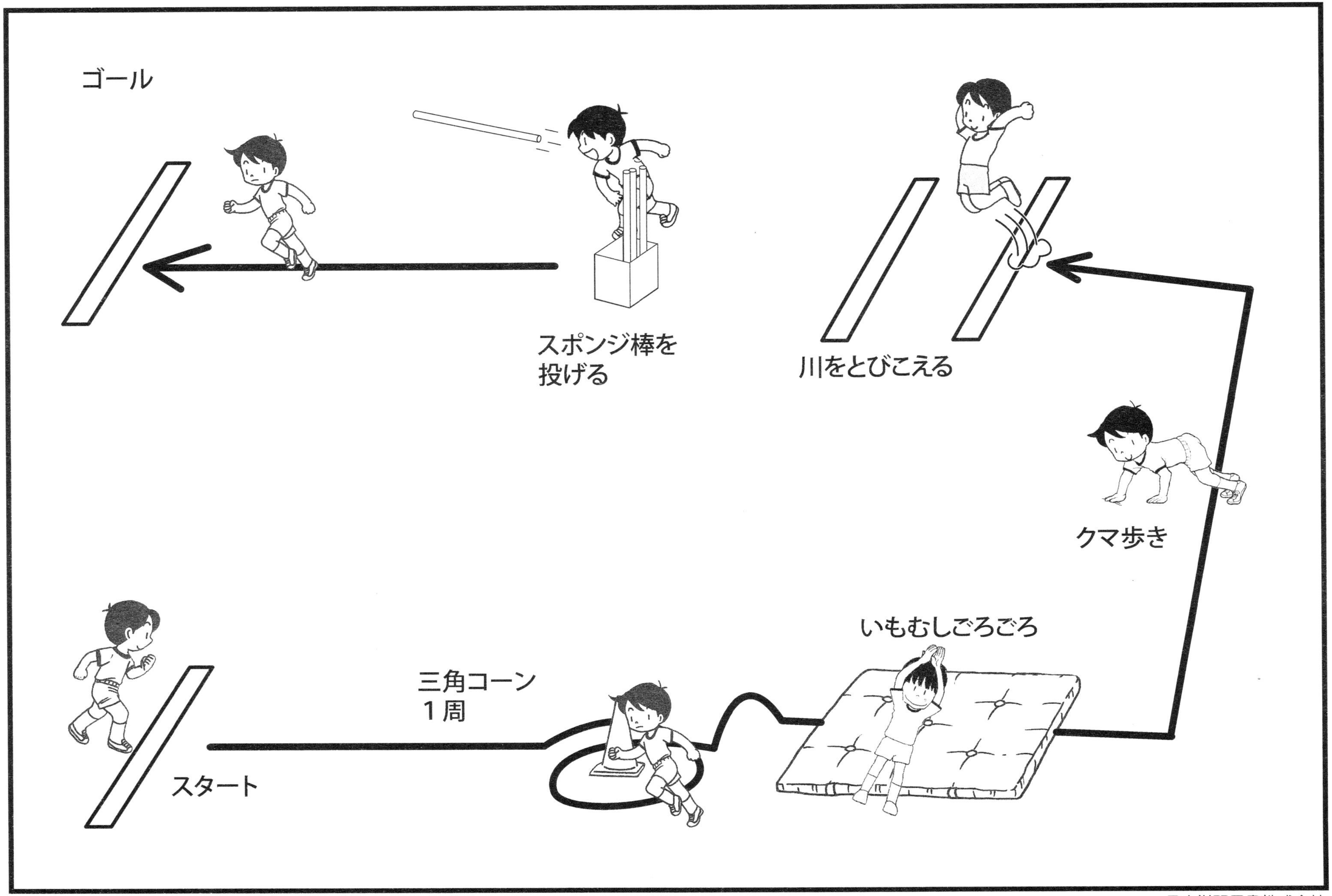
ゴール
スポンジ棒を
投げる
川をとびこえる
クマ歩き
いもむしごろごろ
三角コーン
１周
スタート

問題２７

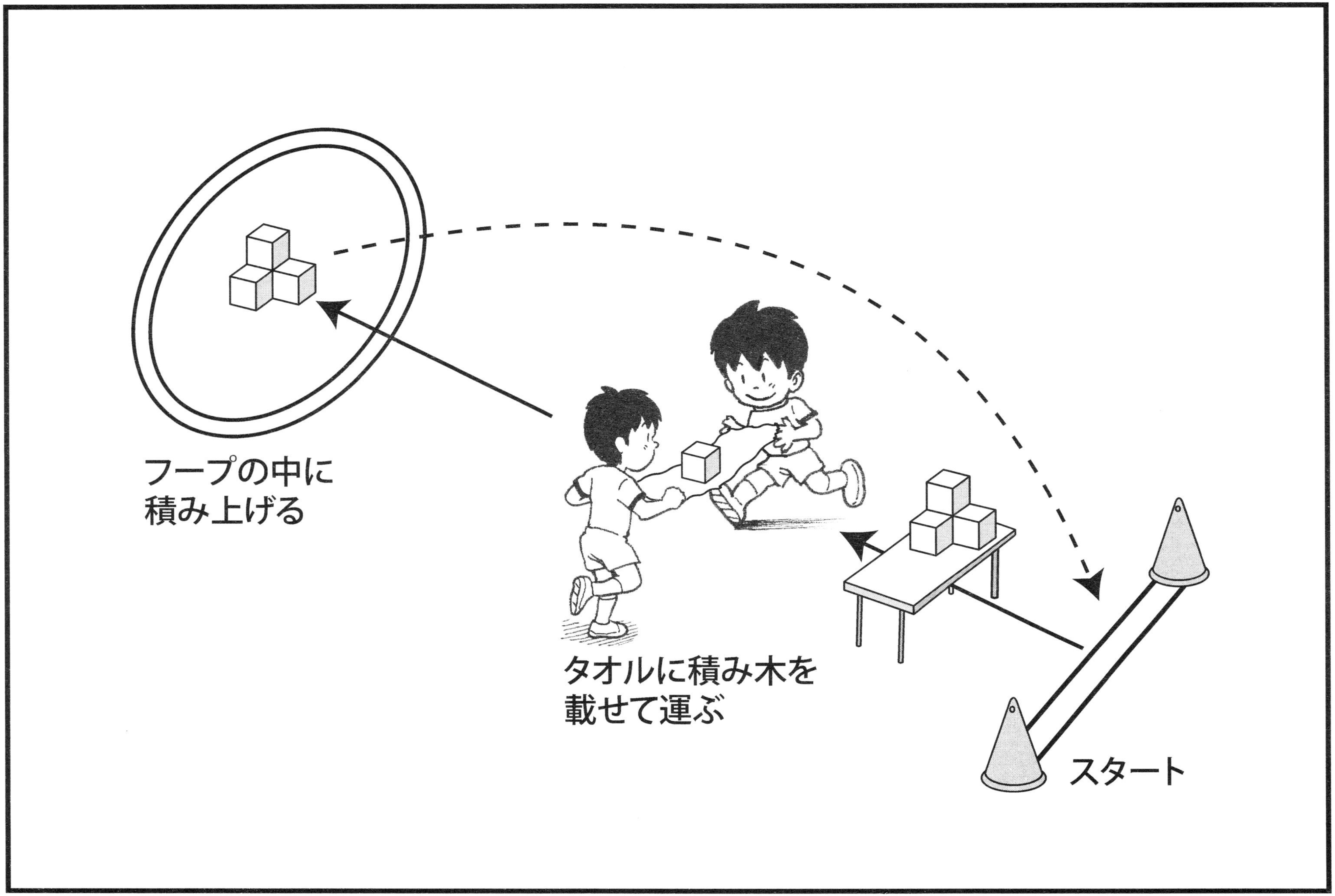
フープの中に
積み上げる
タオルに積み木を
載せて運ぶ
スタート

日本学習図書株式会社

2021年度 慶應義塾横浜初等部 過去 無断複製／転載を禁ずる

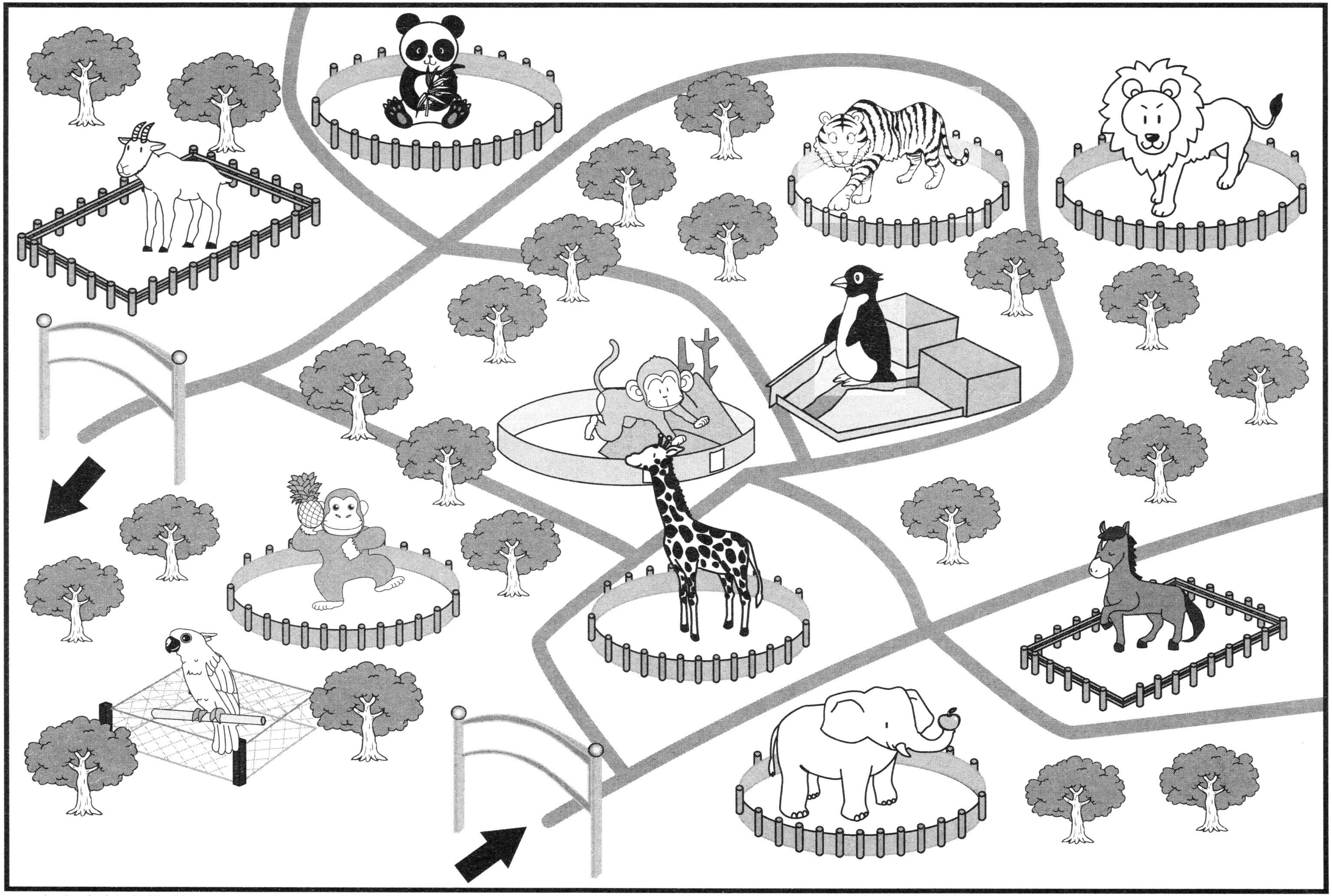

問題29－2

①

②

③

④

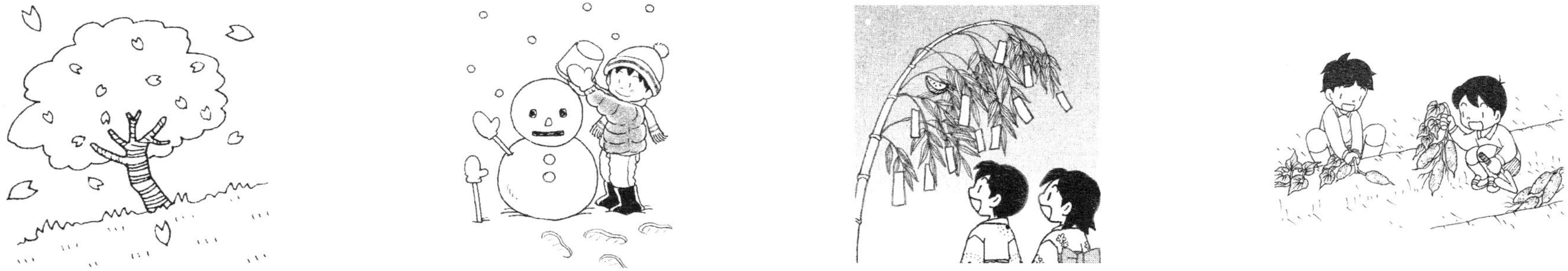

日本学習図書株式会社

問題３０

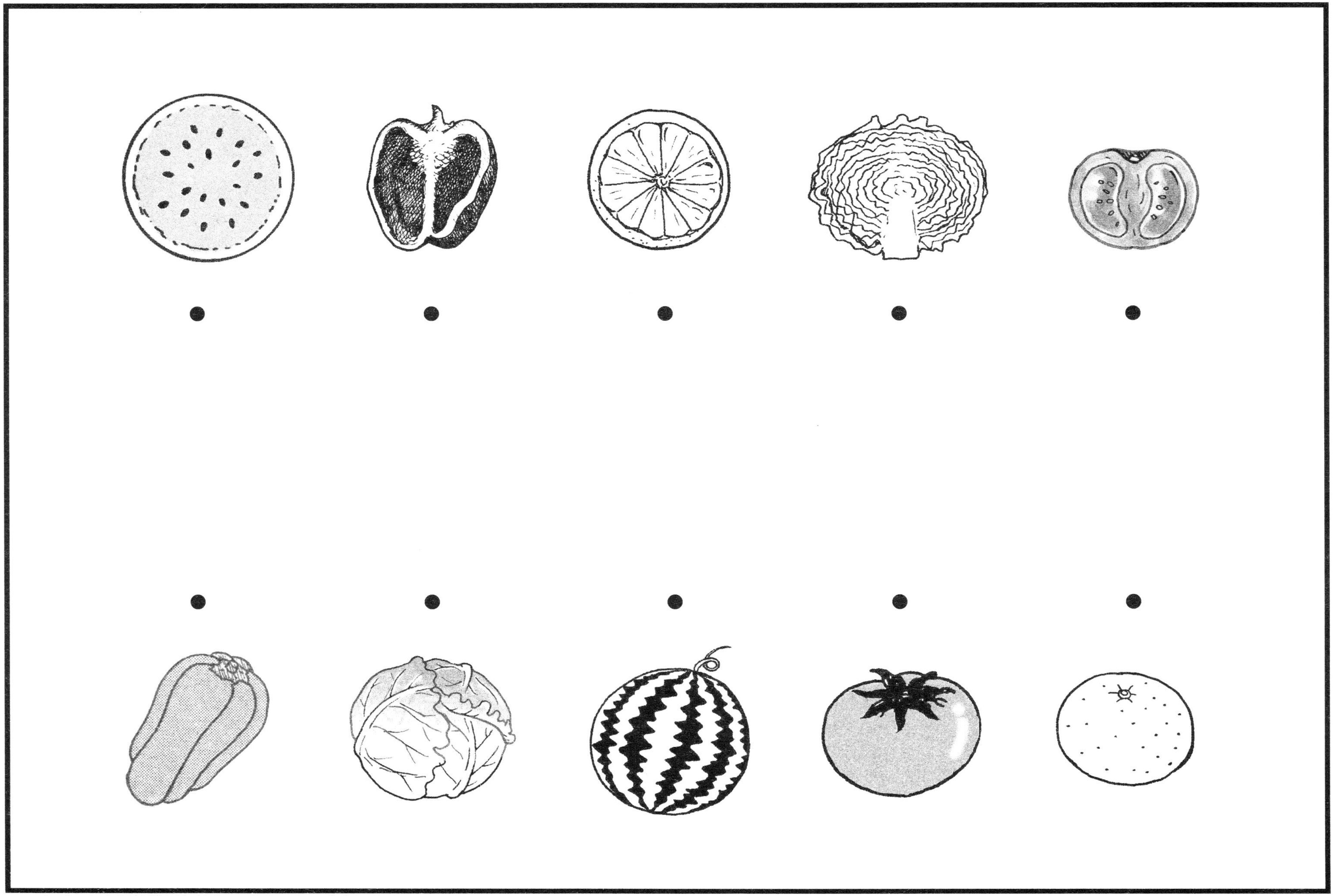

問題31

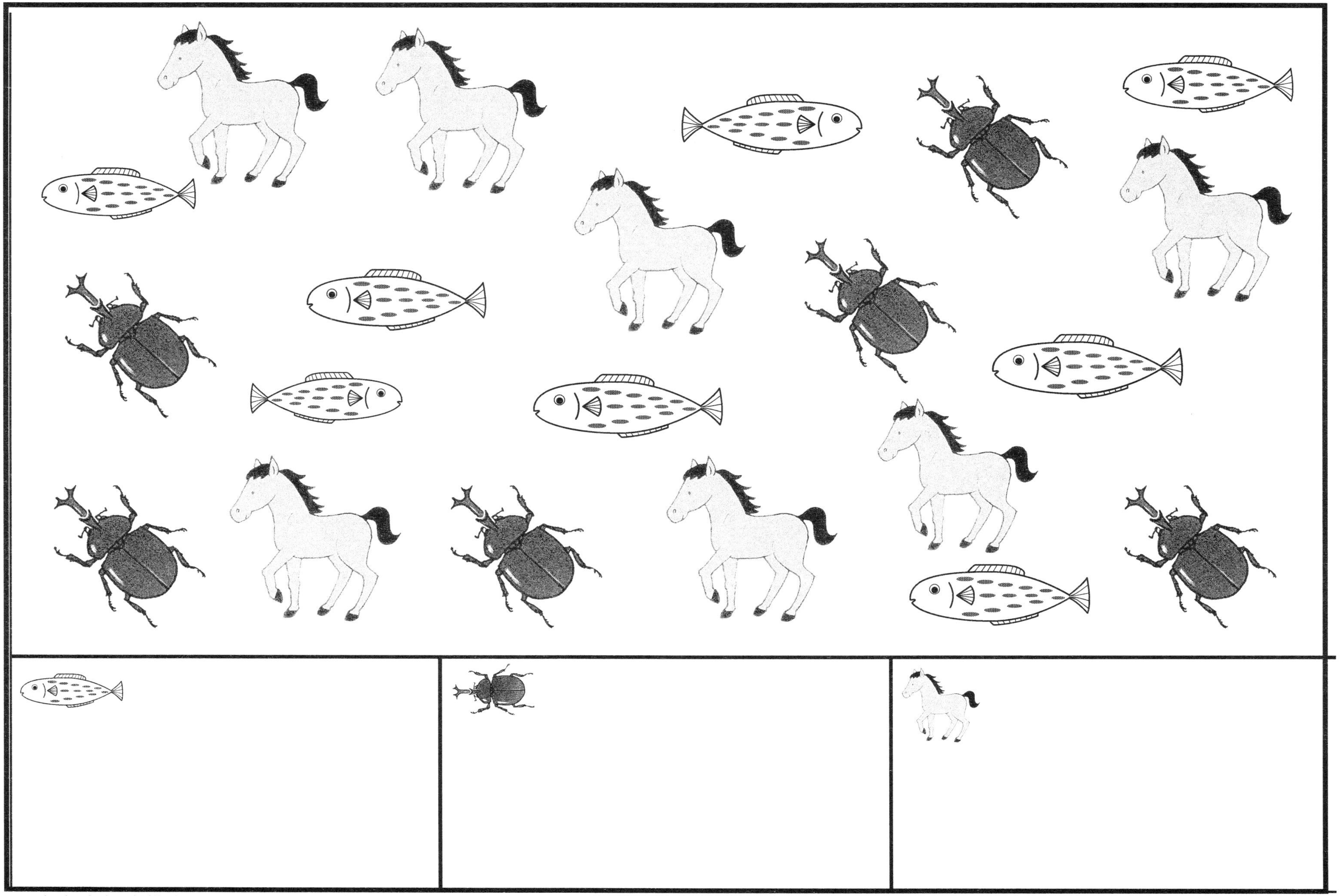

2021年度 慶應義塾横浜初等部 過去 無断複製/転載を禁ずる　　日本学習図書株式会社

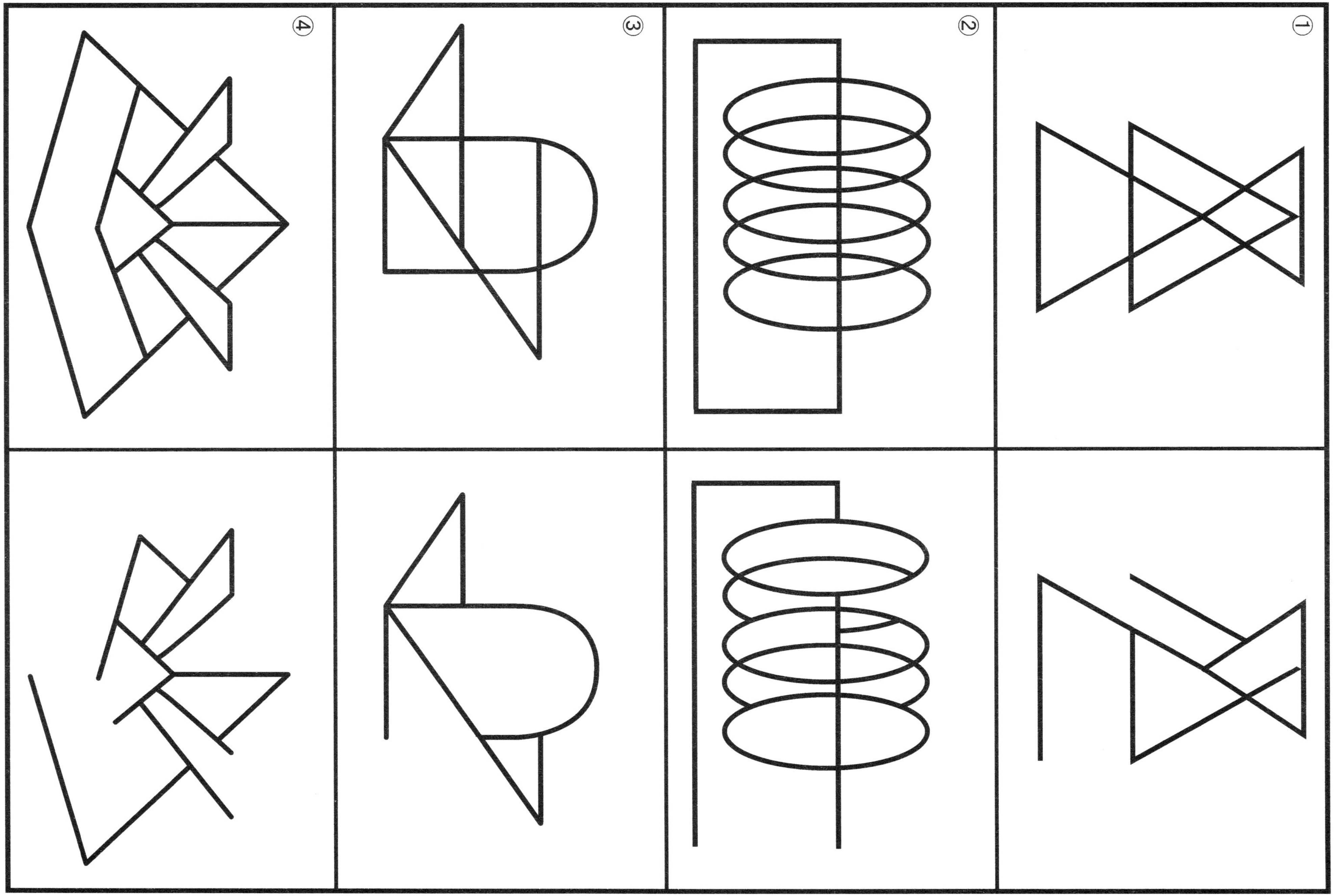

問題３３

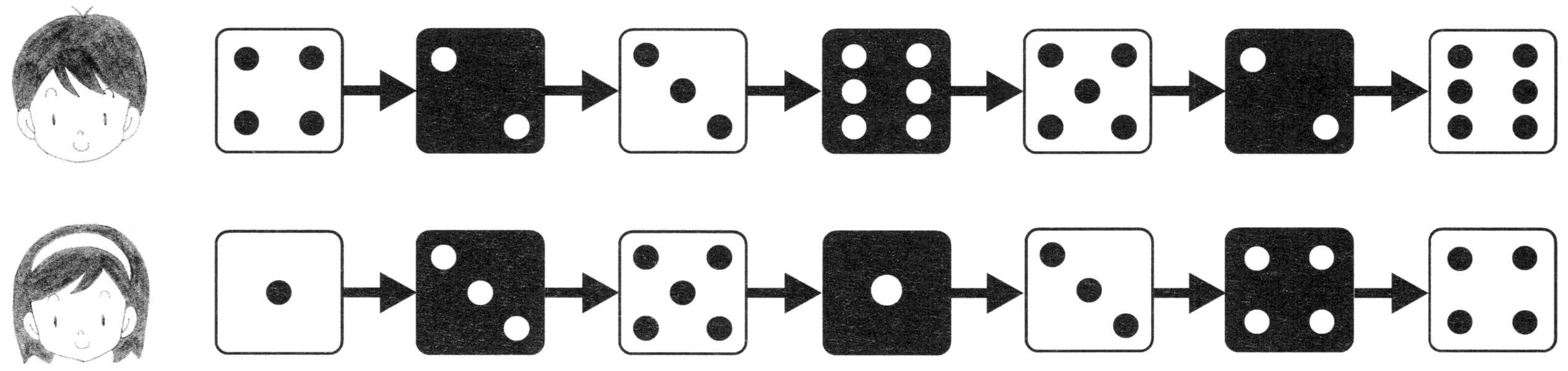

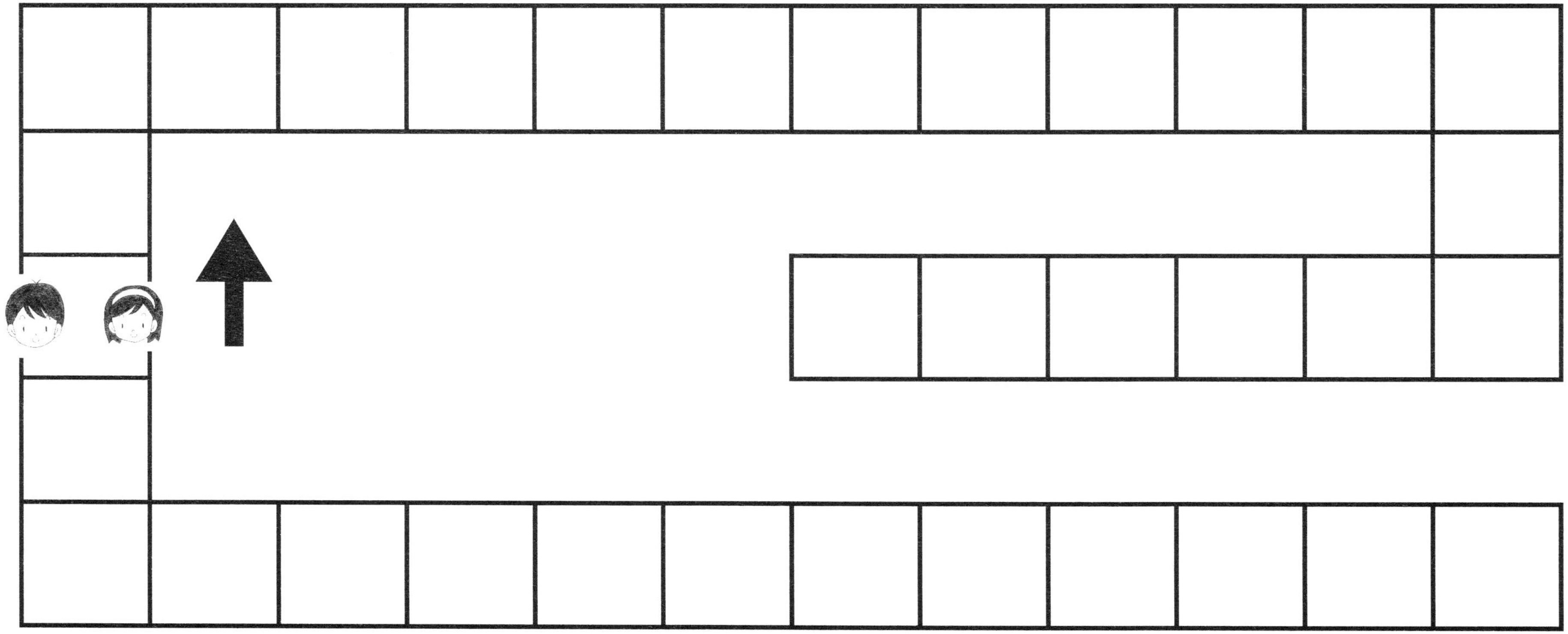

2021 年度 慶應義塾横浜初等部 過去 無断複製／転載を禁ずる 日本学習図書株式会社

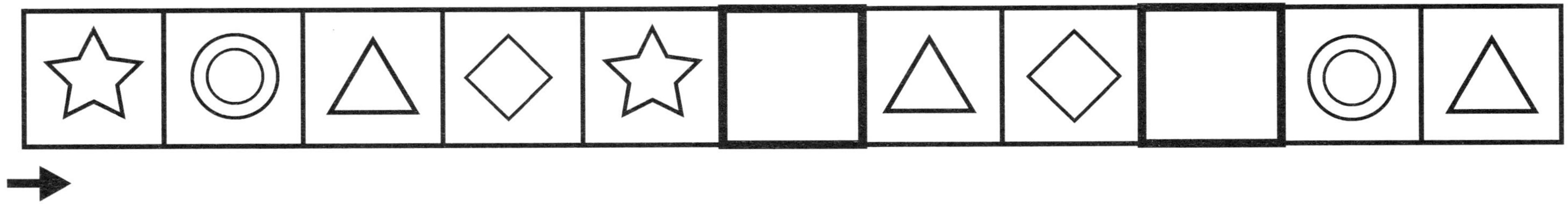

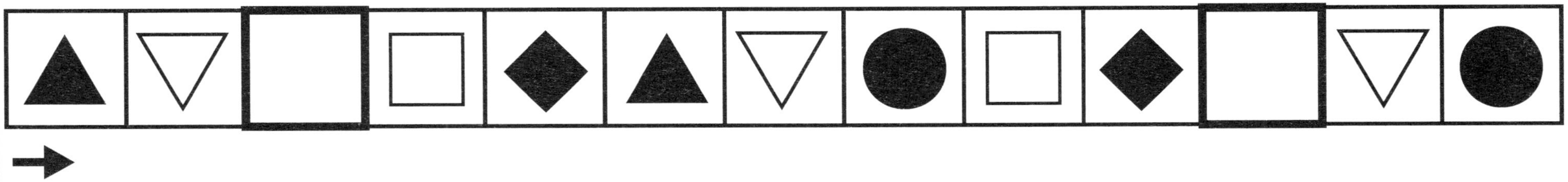

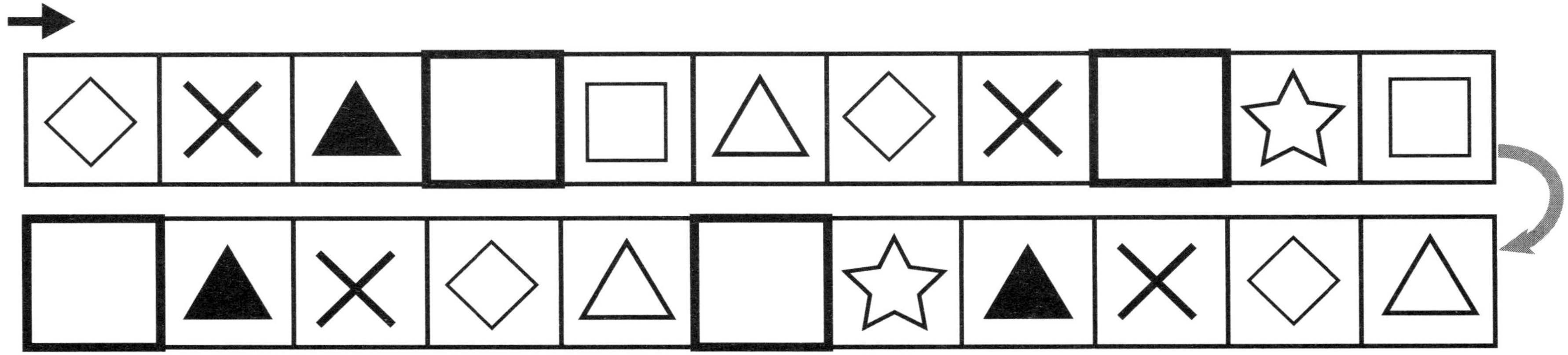

問題35－1

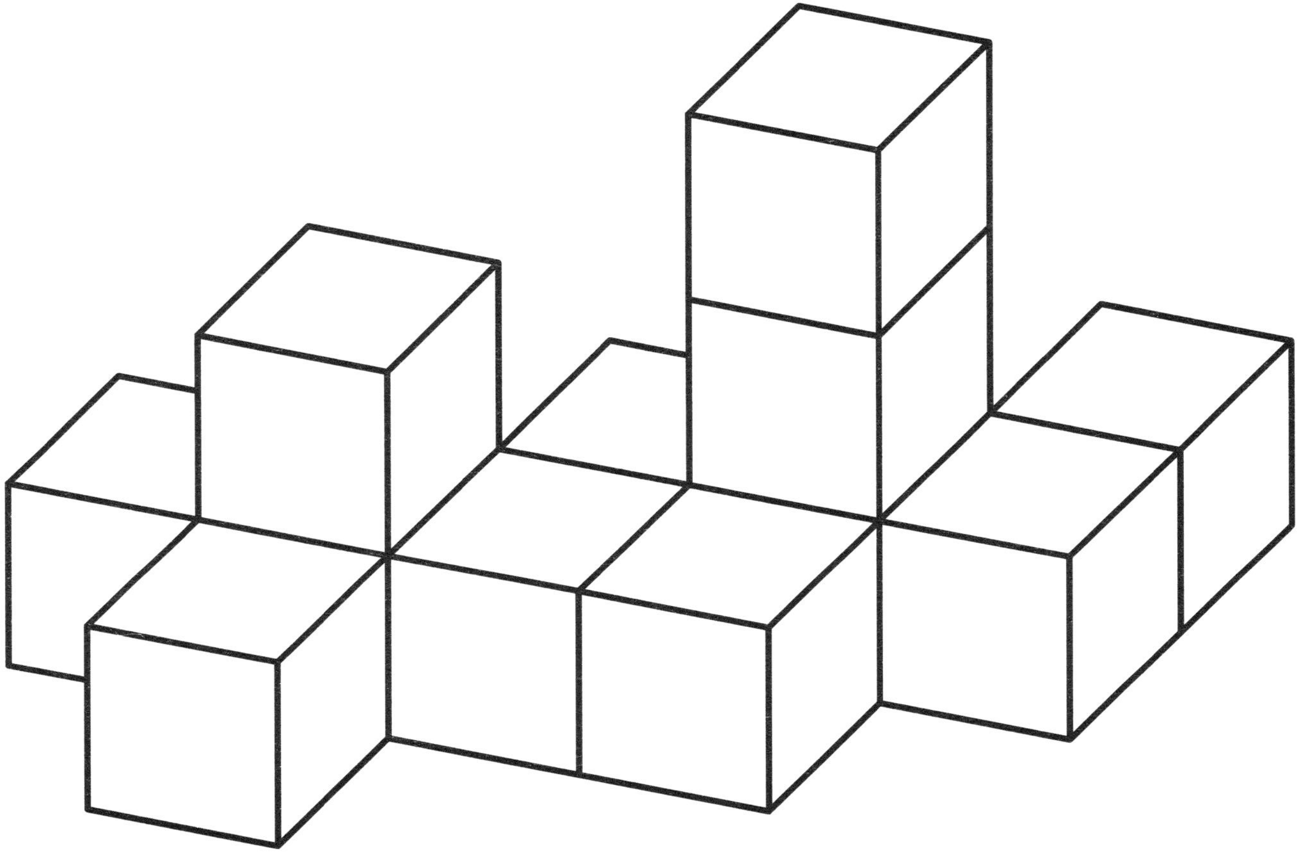

日本学習図書株式会社

2021年度 慶應義塾横浜初等部 過去 無断複製／転載を禁ずる

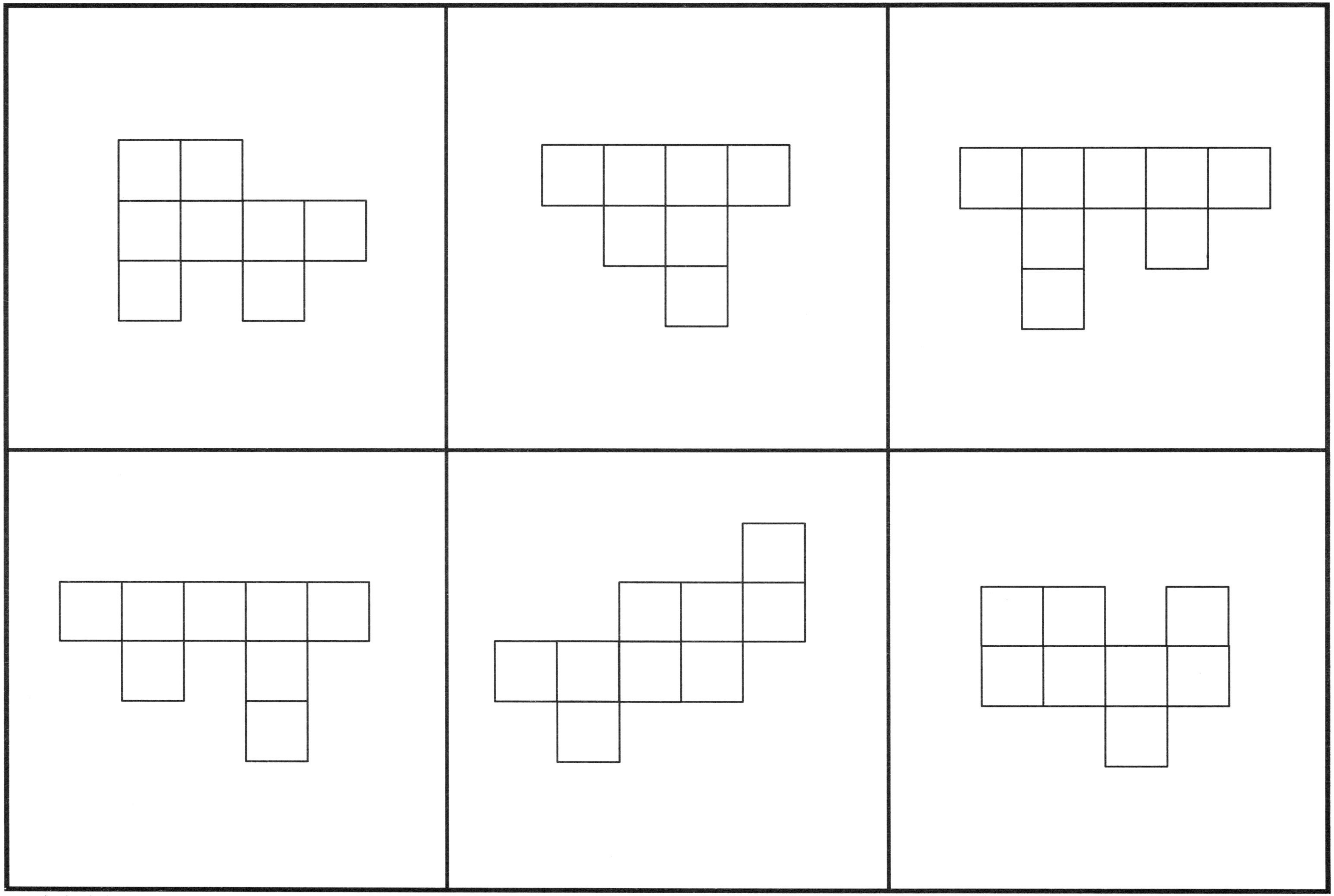

2021 年度 慶應義塾横浜初等部 過去 無断複製／転載を禁ずる 日本学習図書株式会社

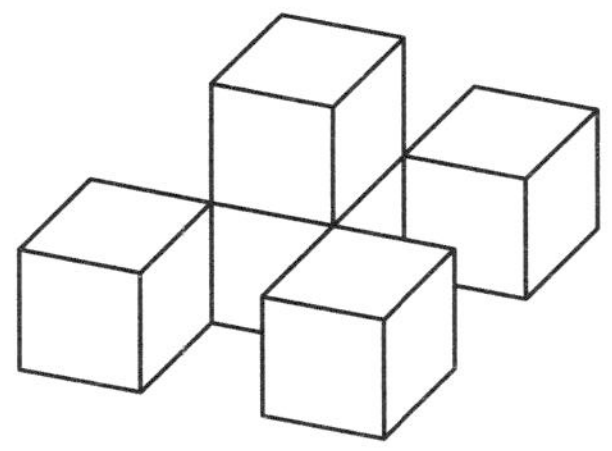

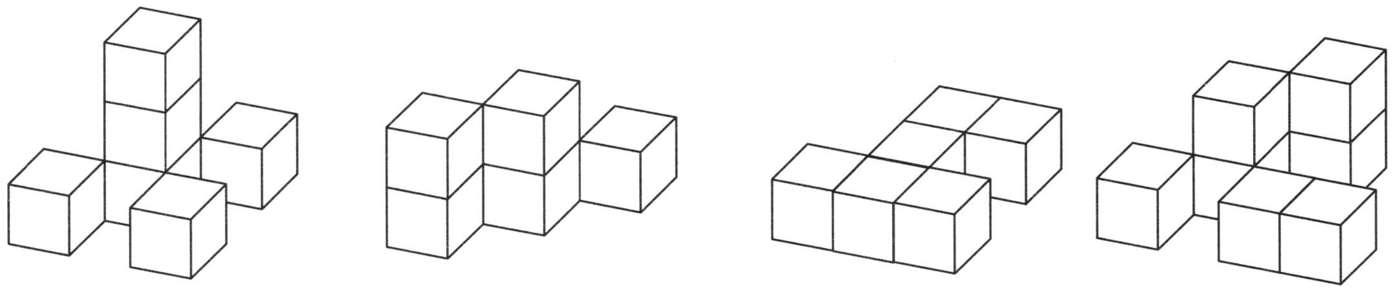

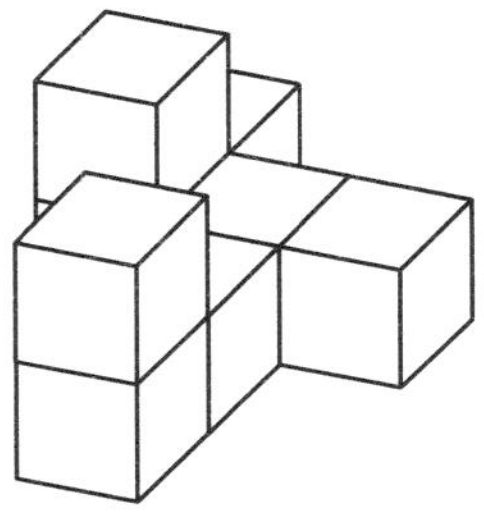

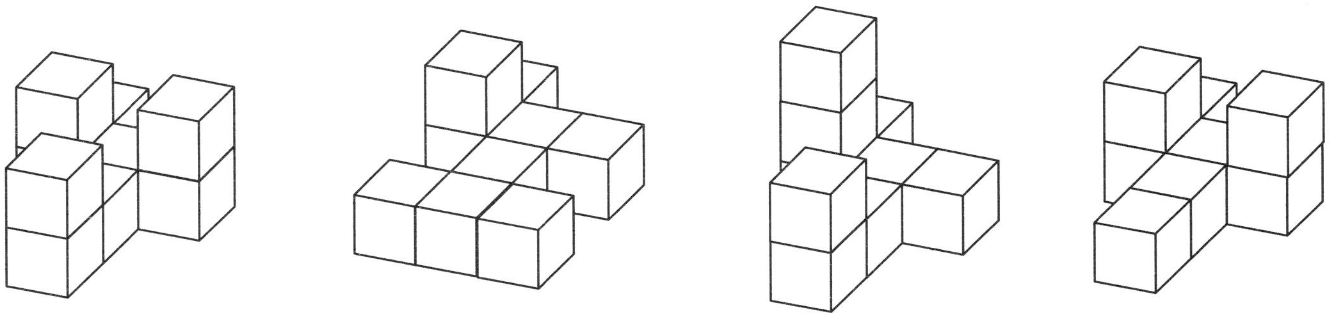

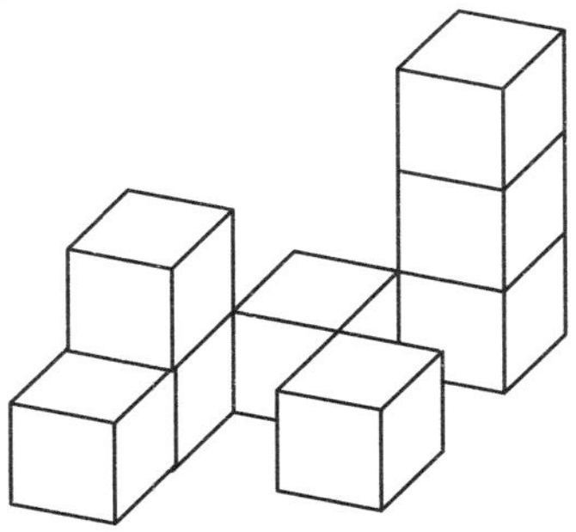

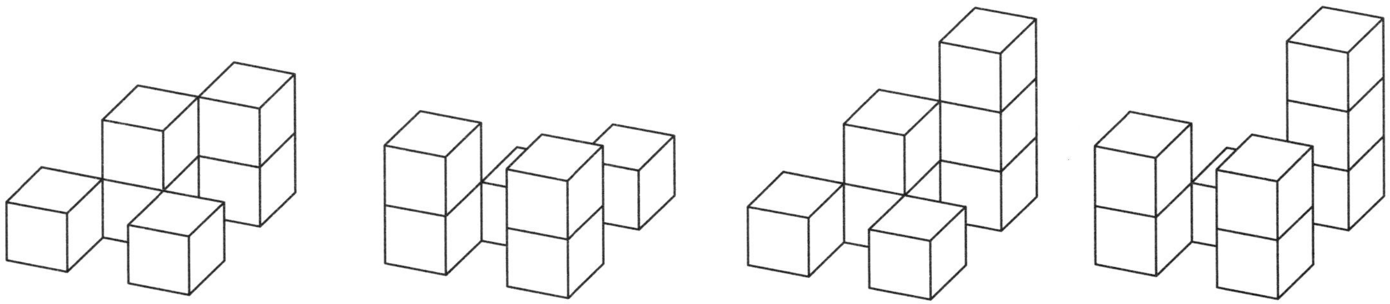

問題３７

2021 年度　慶應義塾横浜初等部　過去　無断複製／転載を禁ずる　日本学習図書株式会社

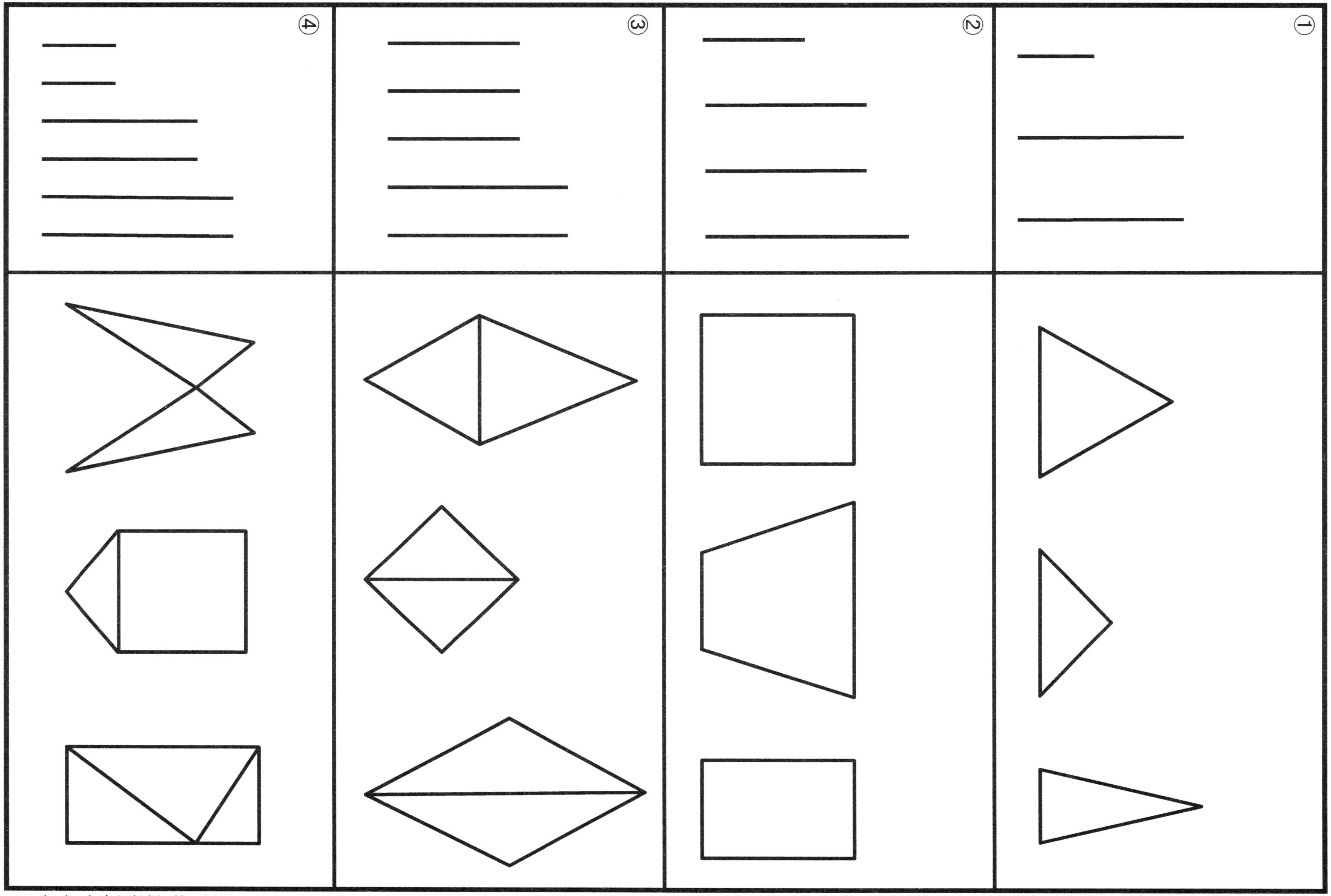

問題40

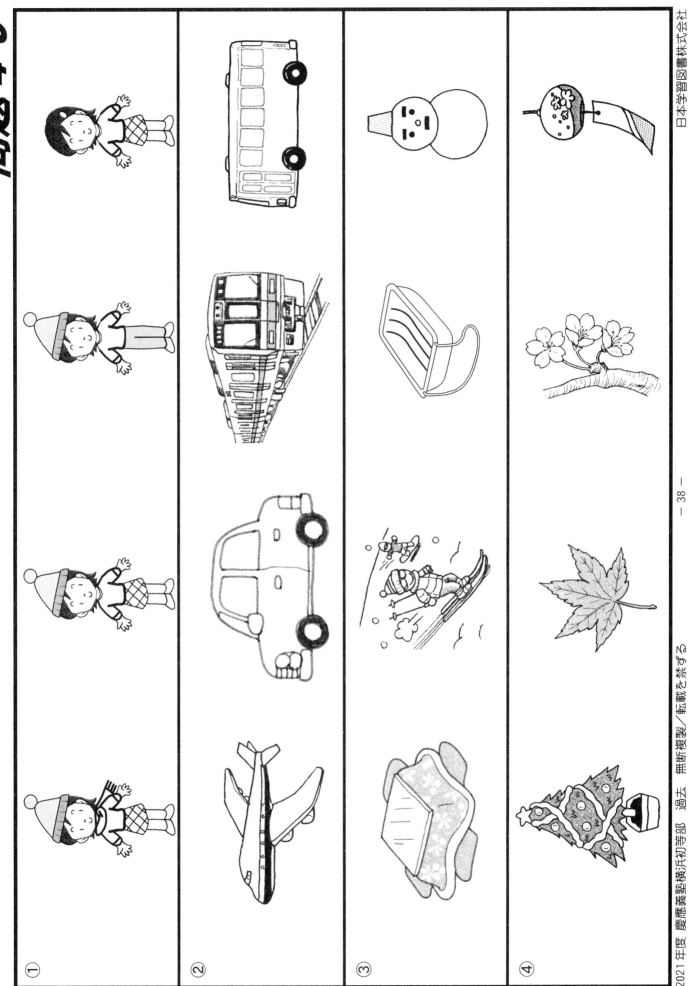

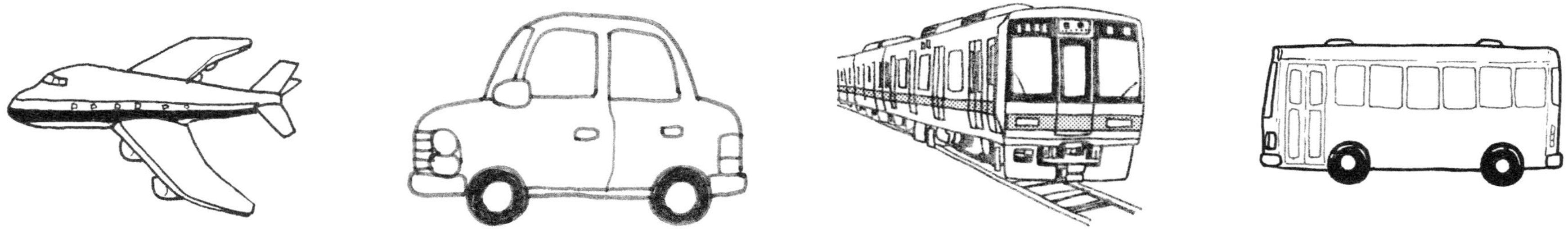

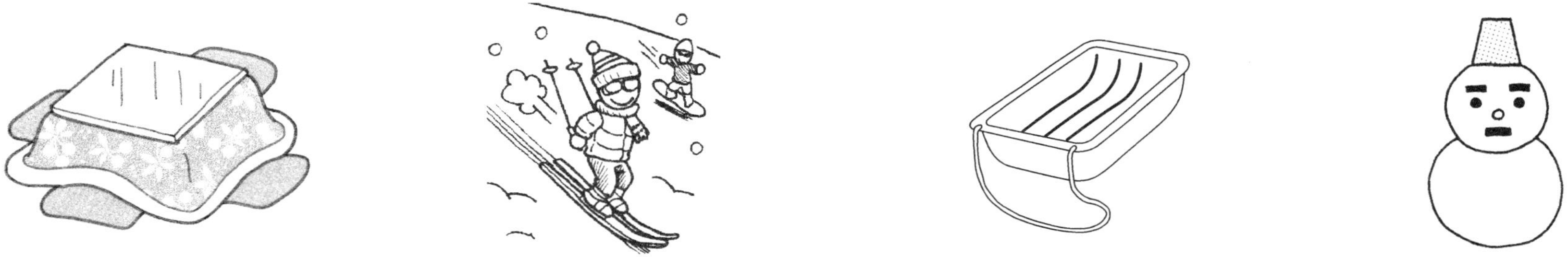

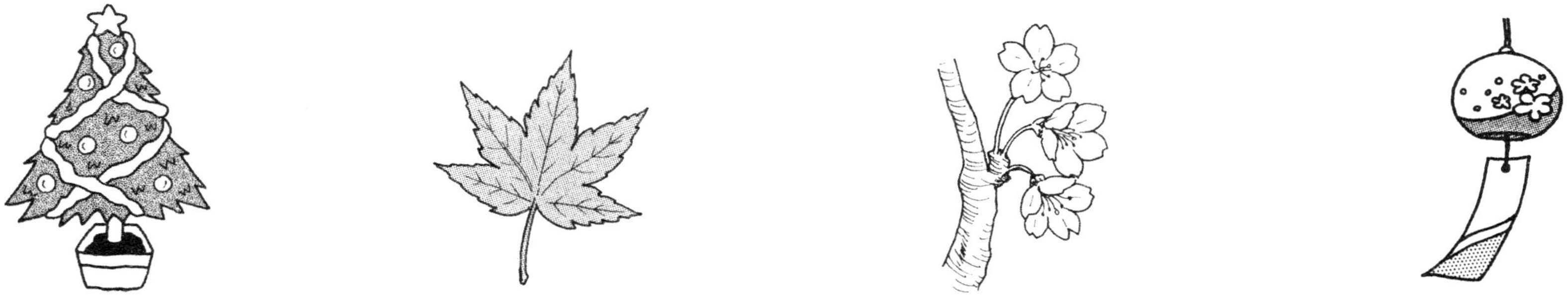

図書カード1000円分プレゼント

ご記入日　令和　　年　　月　　日

☆国・私立小学校受験アンケート☆

※可能な範囲でご記入下さい。選択肢は○で囲んで下さい。

〈小学校名〉＿＿＿＿＿＿＿＿＿＿　〈お子さまの性別〉男・女　〈誕生月〉＿＿月

〈その他の受験校〉（複数回答可）＿＿＿＿＿＿＿＿＿＿＿＿＿＿＿＿

〈受験日〉①：＿＿月＿＿日〈時間〉＿＿時＿＿分　～　＿＿時＿＿分

②：＿＿月＿＿日〈時間〉＿＿時＿＿分　～　＿＿時＿＿分

〈受験者数〉男女計＿＿名（男子＿＿名　女子＿＿名）

〈お子さまの服装〉＿＿＿＿＿＿＿＿＿＿＿＿＿＿＿＿

〈入試全体の流れ〉（記入例）準備体操→行動観察→ペーパーテスト

＿＿＿＿＿＿＿＿＿＿＿＿＿＿＿＿＿＿＿＿＿＿＿＿

Eメールによる情報提供

日本学習図書では、Eメールでも入試情報を募集しております。

下記のアドレスに、アンケートの内容をご入力の上、メールをお送り下さい。

ojuken@nichigaku.jp

●行動観察　（例）好きなおもちゃで遊ぶ・グループで協力するゲームなど

〈実施日〉＿＿月＿＿日〈時間〉＿＿時＿＿分　～　＿＿時＿＿分〈着替え〉□有　□無

〈出題方法〉□肉声　□録音　□その他（　　　　　）〈お手本〉□有　□無

〈試験形態〉□個別　□集団（　　　人程度）　〈会場図〉

〈内容〉

□自由遊び

＿＿＿＿＿＿＿＿＿＿＿＿＿＿＿＿＿＿＿＿

□グループ活動

＿＿＿＿＿＿＿＿＿＿＿＿＿＿＿＿＿＿＿＿

□その他

＿＿＿＿＿＿＿＿＿＿＿＿＿＿＿＿＿＿＿＿

●運動テスト（有・無）　（例）跳び箱・チームでの競争など

〈実施日〉＿＿月＿＿日〈時間〉＿＿時＿＿分　～　＿＿時＿＿分〈着替え〉□有　□無

〈出題方法〉□肉声　□録音　□その他（　　　　　）〈お手本〉□有　□無

〈試験形態〉□個別　□集団（　　　人程度）　〈会場図〉

〈内容〉

□サーキット運動

□走り　□跳び箱　□平均台　□ゴム跳び

□マット運動　□ボール運動　□なわ跳び

□クマ歩き

□グループ活動＿＿＿＿＿＿＿＿＿＿＿＿＿＿＿＿

□その他＿＿＿＿＿＿＿＿＿＿＿＿＿＿＿＿＿＿

●知能テスト・口頭試問

〈実施日〉 ＿＿月＿＿日 〈時間〉 ＿＿時＿＿分 ～ ＿＿時＿＿分 〈お手本〉☐有 ☐無

〈出題方法〉 ☐肉声 ☐録音 ☐その他（　　　　　　） 〈問題数〉 ＿＿枚 ＿＿問

分野	方法	内　　容	詳 細・イ ラ ス ト
（例） お話の記憶	☑筆記 ☐口頭	動物たちが待ち合わせをする話	（あらすじ） 動物たちが待ち合わせをした。最初にウサギさんが来た。次にイヌくんが、その次にネコさんが来た。最後にタヌキくんが来た。 （問題・イラスト） ３番目に来た動物は誰か 
お話の記憶	☐筆記 ☐口頭		（あらすじ） （問題・イラスト）
図形	☐筆記 ☐口頭		
言語	☐筆記 ☐口頭		
常識	☐筆記 ☐口頭		
数量	☐筆記 ☐口頭		
推理	☐筆記 ☐口頭		
その他	☐筆記 ☐口頭		

日本学習図書株式会社

●制作　（例）ぬり絵・お絵かき・工作遊びなど

〈実施日〉＿＿月＿＿日〈時間〉＿＿時＿＿分＿＿～＿＿時＿＿分

〈出題方法〉□肉声　□録音　□その他（　　　　　　　）〈お手本〉□有　□無

〈試験形態〉□個別　□集団（　　　　人程度）

材料・道具	制作内容
□ハサミ □のり（□つぼ　□液体　□スティック） □セロハンテープ □鉛筆　□クレヨン（　色） □クーピーペン（　色） □サインペン（　色）□ □画用紙（□ A4　□ B4　□ A3 □その他：　　　　） □折り紙　□新聞紙　□粘土 □その他（　　　　　　）	□切る　□貼る　□塗る　□ちぎる　□結ぶ　□描く　□その他（　　　　　　） タイトル：＿＿＿＿＿＿＿＿＿＿

●面接

〈実施日〉＿＿月＿＿日〈時間〉＿＿時＿＿分＿＿～＿＿時＿＿分〈面接担当者〉＿＿名

〈試験形態〉□志願者のみ（　　）名　□保護者のみ　□親子同時　□親子別々

〈質問内容〉

※試験会場の様子をご記入下さい。

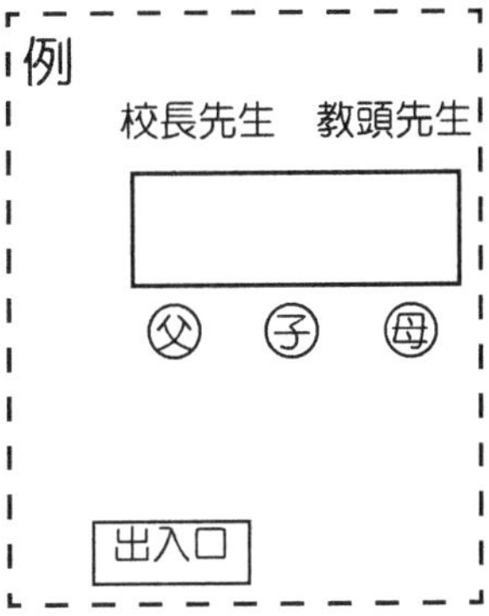

□志望動機　□お子さまの様子

□家庭の教育方針

□志望校についての知識・理解

□その他（　　　　　　　　　　　）

（詳　細）

・

・

・

・

●保護者作文・アンケートの提出（有・無）

〈提出日〉□面接直前　□出願時　□志願者考査中　□その他（　　　　　　　　）

〈下書き〉□有　□無

〈アンケート内容〉

（記入例）当校を志望した理由はなんですか（150字）

●説明会（□有　□無）〈開催日〉＿＿月＿＿日〈時間〉＿＿時＿＿分＿＿～＿＿時＿＿分

〈上履き〉　□要　□不要　〈願書配布〉　□有　□無　〈校舎見学〉　□有　□無

〈ご感想〉

●参加された学校行事（複数回答可）

公開授業〈開催日〉＿＿月＿＿日〈時間〉＿＿時＿＿分＿＿～＿＿時＿＿分

運動会など〈開催日〉＿＿月＿＿日〈時間〉＿＿時＿＿分＿＿～＿＿時＿＿分

学習発表会・音楽会など〈開催日〉＿＿月＿＿日〈時間〉＿＿時＿＿分＿＿～＿＿時＿＿分

〈ご感想〉

※是非参加したほうがよいと感じた行事について

●受験を終えてのご感想、今後受験される方へのアドバイス

※対策学習（重点的に学習しておいた方がよい分野）、当日準備しておいたほうがよい物など

＊＊＊＊＊＊＊＊＊＊＊＊　ご記入ありがとうございました　＊＊＊＊＊＊＊＊＊＊＊＊

必要事項をご記入の上、ポストにご投函ください。

なお、本アンケートの送付期限は入試終了後３ヶ月とさせていただきます。また、入試に関する情報の記入量が当社の基準に満たない場合、謝礼の送付ができないことがございます。あらかじめご了承ください。

ご住所：〒＿＿＿＿＿＿＿＿＿＿＿＿＿＿＿＿＿＿＿＿

お名前：＿＿＿＿＿＿＿＿＿＿　メール：＿＿＿＿＿＿＿＿＿＿

TEL：＿＿＿＿＿＿＿＿＿＿　FAX：＿＿＿＿＿＿＿＿＿＿

ご記入頂いた個人に関する情報は、当社にて厳重に管理致します。弊社の個人情報取り扱いに関する詳細は、www.nichigaku.jp/policy.php の「個人情報の取り扱い」をご覧下さい。

分野別 小学入試練習帳 ジュニアウォッチャー

1．点・線図形	小学校入試で出題頻度の高い『点・線図形』の模写を、難易度の低いものから段階別に幅広く練習することができるように構成。
2．座標	図形の位置模写という作業を、難易度の低いものから段階別に練習できるように構成。
3．パズル	様々なパズルの問題を難易度の低いものから段階別に練習できるように構成。
4．同図形探し	小学校入試で出題頻度の高い、同図形選びの問題を繰り返し練習できるように構成。
5．回転・展開	図形などを回転、または展開したとき、形がどのように変化するかを学習し、理解を深められるように構成。
6．系列	数、図形などの様々な系列問題を、難易度の低いものから段階別に練習できるように構成。
7．迷路	迷路の問題を繰り返し練習できるように構成。
8．対称	対称に関する問題を４つのテーマに分類し、各テーマごとに問題を段階別に練習できるように構成。
9．合成	図形の合成に関する問題を、難易度の低いものから段階別に練習できるように構成。
10. 四方からの観察	もの（立体）を様々な角度から見て、どのように見えるかを推理する問題を段階別に整理し、１つの形式で複数の問題を練習できるように構成。
11. いろいろな仲間	ものや動物、植物の共通点を見つけ、分類していく問題を中心に構成。
12. 日常生活	日常生活における様々な問題を６つのテーマに分類し、各テーマごとに一つの問題形式で複数の問題を練習できるように構成。
13. 時間の流れ	『時間』に着目し、様々なものごとは、時間が経過するとどのように変化するのかということを学習し、理解できるように構成。
14. 数える	様々なものを『数える』ことから、数の多少の判定やかけ算、わり算の基礎までを練習できるように構成。
15. 比較	比較に関する問題を５つのテーマ（数、高さ、長さ、量、重さ）に分類し、各テーマごとに問題を段階別に練習できるように構成。
16. 積み木	数える対象を積み木に限定した問題集。
17. 言葉の音遊び	言葉の音に関する問題を５つのテーマに分類し、各テーマごとに問題を段階別に練習できるように構成。
18. いろいろな言葉	表現力をより豊かにするいろいろな言葉として、擬態語や擬声語、同音異義語、反意語、数詞を取り上げた問題集。
19. お話の記憶	お話を聴いてその内容を記憶、理解し、設問に答える形式の問題集。
20. 見る記憶・聴く記憶	「見て憶える」「聴いて憶える」という『記憶』分野に特化した問題集。
21. お話作り	いくつかの絵を元にしてお話を作る練習をして、想像力を養うことができるように構成。
22. 想像画	描かれてある形や景色に好きな絵を描くことにより、想像力を養うことができるように構成。
23. 切る・貼る・塗る	小学校入試で出題頻度の高い、はさみやのりなどを用いた巧緻性の問題を繰り返し練習できるように構成。
24・絵画	小学校入試で出題頻度の高い、お絵かきやぬり絵などクレヨンやクーピーペンを用いた巧緻性の問題を繰り返し練習できるように構成。
25. 生活巧緻性	小学校入試で出題頻度の高い日常生活の様々な場面における巧緻性の問題集。
26. 文字・数字	ひらがなの清音、濁音、拗音、拗長音、促音と１～20までの数字に焦点を絞り、練習できるように構成。
27. 理科	小学校入試で出題頻度が高くなりつつある理科の問題を集めた問題集。
28. 運動	出題頻度の高い運動問題を種目別に分けて構成。
29. 行動観察	項目ごとに問題提起をし、「このような時はどうか、あるいはどう対処するのか」の観点から問いかける形式の問題集。
30. 生活習慣	学校から家庭に提起された問題と思って、一問一問絵を見ながら話し合い、考える形式の問題集。

31. 推理思考	数、量、言語、常識（含理科、一般）など、諸々のジャンルから問題を構成し、近年の小学校入試問題傾向に沿って構成。
32. ブラックボックス	箱や筒の中を通ると、どのようなお約束でどのように変化するかを推理・思考する問題集。
33. シーソー	重さの違うものをシーソーに乗せた時どちらに傾くのか、またどうすればシーソーは釣り合うのかを思考する基礎的な問題集。
34. 季節	様々な行事や植物などを季節別に分類できるように知識をつける問題集。
35. 重ね図形	小学校入試で頻繁に出題されている「図形を重ね合わせてできる形」についての問題を集めました。
36. 同数発見	様々な物を数え「同じ数」を発見し、数の多少の判断や数の認識の基礎を学べるように構成した問題集。
37. 選んで数える	数の学習の基本となる、いろいろなものの数を正しく数える学習を行う問題集。
38. たし算・ひき算１	数字を使わず、たし算とひき算の基礎を身につけるための問題集。
39. たし算・ひき算２	数字を使わず、たし算とひき算の基礎を身につけるための問題集。
40. 数を分ける	数を等しく分ける問題です。等しく分けたときに余りが出るものもあります。
41. 数の構成	ある数がどのような数で構成されているか学んでいきます。
42. 一対多の対応	一対一の対応から、一対多の対応まで、かけ算の考え方の基礎学習を行います。
43. 数のやりとり	あげたり、もらったり、数の変化をしっかりと学びます。
44. 見えない数	指定された条件から数を導き出します。
45. 図形分割	図形の分割に関する問題集。パズルや合成の分野にも通じる様々な問題を集めました。
46. 回転図形	「回転図形」に関する問題集。やさしい問題から始め、いくつかの代表的なパターンから、段階を踏んで学習できるよう編集されています。
47. 座標の移動	「マス目の指示通りに移動する問題」と「指示された数だけ移動する問題」を収録。
48. 鏡図形	鏡で左右反転させた時の見え方を考えます。平面図形から立体図形、文字、絵まで。
49. しりとり	すべての学習の基礎となる「言葉」を学ぶこと、特に「語彙」を増やすことに重点をおき、さまざまなタイプの「しりとり」問題を集めました。
50. 観覧車	観覧車やメリーゴーラウンドなどを舞台にした「回転系列」の問題集。「推理思考」分野の問題ですが、要素として「図形」や「数量」も含みます。
51. 運筆①	鉛筆の持ち方を学び、点線なぞり、お手本を見ながらの模写で、線を引く練習をします。
52. 運筆②	運筆①からさらに発展し、「欠所補完」や「迷路」などを楽しみながら、より複雑な鉛筆運びを習得することを目指します。
53. 四方からの観察 積み木編	積み木を使用した「四方からの観察」に関する問題を練習できるように構成。
54. 図形の構成	見本の図形がどのような部分によって形づくられているかを考えます。
55. 理科②	理科的知識に関する問題を集中して練習する「常識」分野の問題集。
56. マナーとルール	道路や駅、公共の場でのマナー、安全や衛生に関する常識を学べるように構成。
57. 置き換え	さまざまな具体的・抽象的事象を記号で表す「置き換え」の問題を扱います。
58. 比較②	長さ・高さ・体積・数などを数学的な知識を使わず、論理的に推測する「比較」の問題を練習できるように構成。
59. 欠所補完	線と線のつながり、欠けた絵に当てはまるものなどを求める「欠所補完」に取り組める問題集です。
60. 言葉の音（おん）	しりとり、決まった順番の音をつなげるなど、「言葉の音」に関する問題に取り組める練習問題集です。

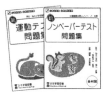

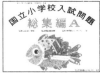

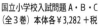

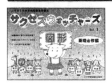

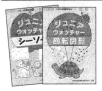

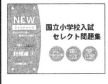

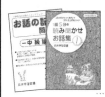

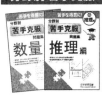

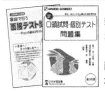

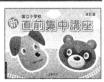

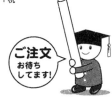

家庭学習をトータルサポート！ ニチガクのオリジナル 効果的 学習法

1 まずは アドバイスページを読む！

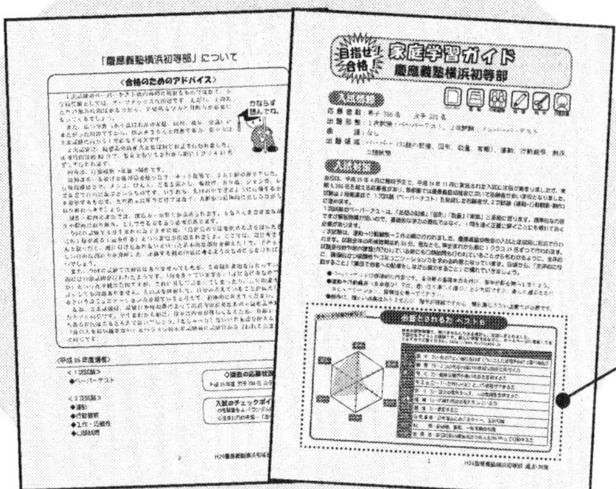

ピンク色です

対策や試験ポイントがぎっしりつまった「家庭学習ガイド」。分析内容やレーダーチャート、分野アイコンで、試験の傾向をおさえよう！

2 問題を全て読み、出題傾向を把握する

3 「学習のポイント」で学校側の観点や問題の解説を熟読

4 初めて過去問題にチャレンジ！

5 プラスα 対策問題集や類題で力を付ける

過去問のこだわり

各問題に求められる「力」

分野だけでなく、各問題の求められる「力」をアイコンで表記！アドバイスページの分析レーダーチャートで力のバランスも把握できる！

各問題のジャンル

問題1 分野：数量（計数）　集中　観察

〈準備〉　クレヨン

〈問題〉　①虫がたくさんいます。それぞれの虫は何匹いますか。下のそれぞれの絵の右側に、その数だけ緑色のクレヨンで○を書いてください。
②果物が並んでいます。それぞれの果物はいくつありますか。下のそれぞれの絵の右側に、その数だけ赤色のクレヨンで○を書いてください。

〈時間〉　1分

〈解答〉　①アメンボ…5、カブトムシ…8、カマキリ…11、コオロギ…9
②ブドウ…6、イチゴ…10、バナナ…8、リンゴ…5

出題年度

［2018年度出題］

学習のポイント

①は男子、②は女子で出題されました。1次試験のペーパーテストは、全体的にオーソドックスな内容で、特別に難易度が高い問題ではありません。しかし、解答時間が短く、解き終わらない受験者も多かったようです。本問のような計数問題では、特に根気よく、数え落としがないように進めなければなりません。そのためにも、例えば、左上の虫から右に見ていく、もしくは縦に見ていく、というように、ルールを決めて数えていくこと、また、○や×、△などの印を虫ごとに付けていくことで、数え落としのミスを減らせます。時間は短いため焦りがつきものですが、落ち着いて取り組めるよう、少しずつ練習していきましょう。

【おすすめ問題集】
Ｊｒ・ウォッチャー14「数える」、37「選んで数える」

学習のポイント

各問題の解説や学校の観点、指導のポイントなどを教えます。
今日から保護者の方も家庭学習の先生に！

おすすめ対策問題集

分野ごとに対策問題集をご紹介。苦手分野の克服に最適です！
＊専用注文書付き。

2021年度版　慶應義塾横浜初等部　過去問題集

発行日　2020年２月25日
発行所　〒162-0821　東京都新宿区津久戸町 3-11-9F
日本学習図書株式会社
電　話　03-5261-8951 ㈹

ISBN978-4-7761-5290-3
C6037 ¥2000E
9784776152903
1926037020004
定価　本体2,000円＋税